Richard Deiss

Der Nabel des Mondes und die Träne im Indischen Ozean

333 Länderbeinamen und wie es zu ihnen kam

Adresse des Autors:
Machnower Str 65
D-14165 Berlin
Richard.Deiss@gmail.com

Herstellung und Verlag: Books on Demand GmbH, Norderstedt

Vierte Auflage 2019, Originalausgabe

Der Inhalt dieses Buches gibt ausschließlich die Privatmeinung des Autors wieder.

Printed in Germany

ISBN   978-3-837-0559-106

Bibliografische Information der Deutschen Nationalbibliothek

Die Deutsche Nationalbibliothek verzeichnet diese Publikation in der Deutschen Nationalbibliografie; detaillierte bibliografische Daten sind im Internet über http://dnb.d-nb.de abrufbar

Inhalt

Vorwort

Etymologie ist in. In den letzten Jahren ist eine ganze Reihe von populärwissenschaftlichen Büchern für Sprachliebhaber erschienen. Im Internet finden sich zudem umfangreiche Listen zu Ländernamen und deren Herkunft. Dabei sei nur auf die Ländernamenetymologien in Wikipedia verwiesen.

Während zur Herkunft von Ländernamen viel Material verfügbar ist, gibt es zu den Beinamen von Ländern weder vollständige Listen noch Zusammenstellungen, wie es zu diesen Beinamen kam. Dieses Taschenbuch möchte deshalb eine Lücke schließen, indem es Länderbeinamen zusammenstellt und erklärt. Oft gibt es dazu interessante Geschichten und so ergibt sich eine Art kleine Länderkunde, aus meist historisch-wirtschaftlicher Perspektive. Um den Text zu ergänzen und geographische Lücken zu schließen, wird manchmal auch auf interessante Ländernamenetymologien zurückgegriffen. Das Ganze wird abgerundet durch Anekdoten, Witze und umgangssprachliche Verballhornungen, die mit Ländernamen in Zusammenhang stehen. Manchmal lässt sich das Zitieren von pejorativen Begriffen nicht ganz vermeiden, da sie zur heutigen Realität gehören oder manchmal von historischer Bedeutung sind. Der Autor möchte klarstellen, dass diese nicht seiner persönlichen Ansicht zu den jeweiligen Ländern entsprechen. Schwierig ist manchmal auch die Auswahl, wenn ein Begriff zwar interessant, aber kaum bekannt und gebraucht ist. Soll man neu kreierte Begriffe, journalistische ad hoc-Kreationen oder Fremdenverkehrs- bzw. Marketingschöpfungen aufnehmen oder nur solche, die bereits geläufig sind. Im Zweifel wurde die Häufigkeit der Begriffe via Internet und Suchmaschine überprüft und kaum gebrauchte weggelassen.

Ich hoffe, die vorliegende Zusammenstellung von Informationen und kleinen Geschichten zu Länderbeinamen ist für alle an Geographie und Sprache interessierten nützlich und auch kurzweilig zu lesen. Eine zweijährliche Aktualisierung mit einer Auflistung neuer Begriffe ist geplant.

Im Zeitraum 2008-09 hatte vor allem die internationale Finanz- und Wirtschaftskrise Veränderungen gebracht. Aus manchem ökonomischen Tiger wurde damals ein Bettvorleger.

Seither sind schon wieder etliche Jahre vergangen und manche osteuropäische Volkswirtschaft zeigt sich von neuer Stärke, man sprich schon von Goldilock economies (Goldlöckchen-Wirtschaften).

Ein wichtiges Thema ist mittlerweile der BREXIT und das zwischenzeitliche Spielen mit dem EU-Austritt auch anderer Länder (die durch das BREXIT-Chaos mittlerweile davon aber eher abgeschreckt werden). Wie es mit dem BREXIT weitergeht, war bei der Vollendung des Manuskripts für dieses Büchlein noch unklar.

China setzt seinen Siegeszug als neue n ökonomische Supermacht weiterhin ungebremst fort. Das wirtschaftliche Duopol aus den USA China wird mittlerweile als *G-2* bezeichnet, wobei ein deutlich ausgetragener Kampf um Rang 1 eingesetzt hat.

Berlin, im Juli 2019
Richard Deiss

1. Beinamen, die mehrere Länder betreffen

1.1 Allgemeine Begriffe

Das Land, in dem die Sonne niemals untergeht

Der im Jahre 1500 geborene Karl V. wurde 1516 zum König von Spanien. Als sein Großvater, der Kaiser Maximilian I., 1519 starb, erbte er auch den Habsburger (österreichischen) Teil des Heiligen Römischen Reiches (Deutscher Nation). 1519 wurde er von den Kurfürsten zum König des Reiches gewählt, ab 1520 nannte er sich Kaiser. Mit dem Erwerb der Besitzungen in Amerika regierte Karl über ein *Reich, in dem die Sonne niemals unterging (el imperio en el que nunca pone el sol)*.

Karl hielt sich wenig im deutschen Reichsteil auf, er pflegte zu sagen: *„Ich spreche spanisch mit Gott, italienisch mit den Frauen, französisch mit den Männern und deutsch mit meinem Pferd“*. Viele seiner Gepflogenheiten waren den Deutschen nicht vertraut. Seit Karl V. sagt man deshalb im Deutschen `das kommt mir spanisch vor´*. Später wurde auch das Britische Empire als eines beschrieben, `in which the sun never sets´*. Der ceylonesische Politiker Colin R. de Silva (1907-1987) soll dazu bemerkt haben `That´s because God does not trust the British in the dark´*.

...im Kleinen, *...en miniature*

Die Schweiz gilt wegen ihrer sprachlichen und kulturellen Vielfalt als *Europa im Kleinen*. Auch Slowenien wird wegen seiner landschaftlichen Vielfalt (Alpen, Mittelgebirge, pannonische Ebene, Mittelmeer) so bezeichnet. Als *Afrika im Kleinen* (Afrique en miniature) gilt wiederum Kamerun. Es ist zweisprachig (Englisch/ Französisch) und hat durch seine große Nord-Süd-Ausdehnung Teil an verschiedenen Landschafts- und

Klimazonen. Ein *Amerika im Kleinen* (America en miniature) gibt es ebenfalls: der Ostküstenstaat Maryland.

Die Schweiz

Die Schweiz ist der Inbegriff eines wohlhabenden und gut organisierten Landes. Die Schweiz steht zudem für landschaftliche Schönheit.
Als Schweiz Lateinamerikas galt einst Uruguay, heute wird Costa Rica als Schweiz Mittelamerikas bezeichnet.
Als Schweiz oder potenzielle Schweiz des Nahen Ostens galt vor Ausbruch des Bürgerkrieges (1975-1990) der Libanon. Als *Schweiz Afrikas* gelten mehrere Länder, so Botswana aufgrund seines Wohlstandes sowie Lesotho und Swasiland wegen ihrer Berglandschaft. Wegen seiner Berge ist sogar Guinea bereits als Schweiz Afrikas bezeichnet worden. Ebenfalls der Topographie zu verdanken ist Bhutans Beiname als *Schweiz Asiens* und wegen der schönen Landschaft wurde Montenegro bereits als Schweiz des Balkans bezeichnet. Neben ganzen Ländern haben mehr als hundert landschaftlich reizvolle Regionen den Beinamen Schweiz (bzw. *Kleine Schweiz, Petite Suisse*), so in Deutschland mehr als 40 Gegenden, darunter die Fränkische, Sächsische, Holsteinische, Märkische, Lippische Schweiz.

Länder, die als „Schweiz von" bezeichnet werden

Begriff	Land
Schweiz Afrikas	Lesotho , Swaziland , Botswana Guinea, Togo
Schweiz Mittelamerikas	Costa Rica
Schweiz Südamerikas	Uruguay
Schweiz des Nahen Ostens	Libanon
Schweiz Asiens	Bhutan Singapur
Schweiz Zentralasiens	Kirgisistan

Die Bananenrepublik

Das erste Land, auf welches der Begriff Bananenrepublik angewendet wurde, war Honduras. Der amerikanische Schriftsteller William Sydney Porter, Künstlername O. Henry, hatte im 1904 erschienenen Buch *Cabbages and Kings* dieses Land als *banana republic* bezeichnet. Hier mischten sich US-Lebensmittelfirmen wie United Fruit und Standard Fruit in die Politik ein und trugen auch zum Sturz von Regierungen bei, um ihre wirtschaftlichen Interessen zu befördern. Neben Honduras galt dies auch für Guatemala. Später wurde der Begriff auch allgemeiner auf andere wenig stabile Regime tropischer Länder angewendet. Nach Parteispendenskandalen wurde in den 1980ern sogar die Abkürzung BRD als *Bananenrepublik Deutschland* interpretiert.

Die Bananenschalenrepublik

Eine neuere Variante von Bananenrepublik ist die *Bananenschalenrepublik*. So hat ein norditalienischer Politiker angesichts des Müllskandals in Neapel 2008 sein Land genannt. Auch in Deutschland wurde der Begriff bereits verwendet, aber nicht in Zusammenhang mit dem Müll, sondern mit der „VW-Affäre" und dem Bundestagsabgeordneten Uhl, der wie auf einer Bananenschale auf den eigenen Aussagen ausgerutscht ist.

Rogue States - Schurkenstaaten

Rogue State (Schurkenstaat) ist eine Terminologie, die vom US State Department entwickelt wurde. In den späten 1980ern waren 6 Staaten auf der Liste: Iran, Nordkorea, Pakistan, Afghanistan, der Irak und Libyen.
Nach dem 11. September 2001 ließen neue Entwicklungen die Liste kleiner werden. USA und Verbündete intervenierten in Afghanistan und beseitigten das Talibanregime. Mit der Invasion im Irak 2003 kam es zum Sturz

der Hussein-Diktatur. Im Zuge der Terrorbekämpfung intensivierte sich die amerikanisch-pakistanische Zusammenarbeit und Pakistan wurde ebenfalls von der Liste gestrichen. Libyens Gaddafi schaffte dies wiederum durch einen freundlicheren Kurs gegenüber Amerika und Europa. Mittlerweile finden sich damit nur noch Nordkorea und Iran auf der Liste.

Von Intellektuellen wie dem amerikanischen Sprachwissenschaftler Noam Chomsky oder dem französischen Philosophen Jacques Derrida wurde die Terminologie Schurkenstaaten heftig kritisiert. Chomsky meinte sogar, der wahre Schurkenstaat wären die USA selbst.

Dreh- und Angelpunkt, Drehscheibe

Ein kleineres Land mit wichtiger Logistikfunktion für einen größeren Raum gilt auch als *Dreh- und Angelpunkt*. Singapur gilt beispielsweise als Dreh- und Angelpunkt Südostasiens. Die Niederlande bzw. der Hafen von Rotterdam haben logistisch diese Funktion für Europa (NRW sieht sich selbst manchmal ebenfalls in dieser Funktion), Dubai strebt dies für Westasien an.

Manchmal sagt man auch *Drehscheibe*, ein Begriff, der aus dem Eisenbahnwesen kommt. Dort nutzt man Drehscheiben, um eine Lokomotive drehen zu können. Im Französischen nutzt man einen entsprechenden Begriff, man sagt hier *plaque tournante*. Im Deutschen wird er oft in negativem Sinne auf Länder angewandt (Drogendrehscheibe, Menschenhandel). Im Englischen sagt man dagegen eher *hub* (Nabe), zum Angelpunkt auch *hinge*. Hub wird oft als Begriff für Finanzzentren wie Hongkong oder London genutzt (financial hub), im Flugverkehr nehmen wichtige Umsteige-Flughäfen die Funktion eines hub ein (hub and spoke-System).

Der Zankapfel

Der Zankapfel geht auf die griechische Mythologie zurück. Die Göttin Eris hatte aus Ärger darüber, nicht zu einer Hochzeit eingeladen worden zu sein, einen goldenen Apfel mit der Aufschrift `für die Schönste´ zwischen die Göttinnen geworfen. Hera, Pallas Athene und Aphrodite stritten sich darum, wem diese Ehre gebührte und das Urteil des Paris musste den Streit entscheiden, was den Trojanischen Krieg auslöste. Zu den Ländern, die als Zankapfel (teilweise auch als *Spielball*) bezeichnet werden, gehören die Mongolei, Afghanistan, Bosnien, der Libanon und Osttimor.

Das Pulverfass

In Europa galt der Balkan lange als Pulverfass (Englisch: *powder keg*), im Nahen Osten der Libanon. Manchmal werden wegen ihrer explosiven ethnischen Mischung Bosnien und Mazedonien so bezeichnet. Gleichzeitig gilt Mazedonien heute auch als *Oase des Friedens* im Balkan.

Das Dach

Tibet, das tibetische Hochland oder der Himalaya werden auch als Dach der Welt (Roof of the World) bezeichnet. Auch das Pamir wird gelegentlich so bezeichnet, die Webseite www.pamirs.org meint sogar, die Bevölkerung des Pamirs würde die Region als Pomir kennen, was Dach der Welt bedeutete. Als *Dach Afrikas* gilt wiederum Äthiopien, 50% seiner Fläche liegen über 1200 Meter. Bolivien wird andererseits manchmal als *Dach Südamerikas* gesehen, kein anderes Land hat eine höher gelegene Hauptstadt. Europa scheint mehrere Dächer zu haben, aber niemals handelt es sich um ein einzelnes Land. Manchmal werden die Alpen als ganzes so bezeichnet, manchmal der Montblanc, das Jungfraumassiv oder das Berner Oberland.

1.2 Ökonomisch verwendete Begriffe

Der kranke Mann (Europas)

Im 19. Jahrhundert hatte das Osmanische Reich längst seinen Zenit überschritten. Teilgebiete wie Serbien und Griechenland machten sich selbstständig und europäische Mächte setzten ihm zu, vor allem das sich im Schwarzmeerraum ausbreitende Russland. Im Vorfeld des Krimkrieges (1853-1856) zwischen Russland, dem Osmanischen Reich und seinen Alliierten prägte der russische Zar Nikolaus I (1796-1855) in einem Gespräch mit dem britischen Botschafter den Spruch vom *homme malade (kranker Mann,* Französisch war damals Diplomatensprache). In deutschsprachigen Ländern wurde dies zu der *kranke Mann vom Bosporus* ergänzt, die Engländer sagen eher *sick man of Europe* (der *kranke Mann Europas)*.

Von den späten 1950ern bis zu den frühen 1980ern wurde auch das wirtschaftlich stagnierende Großbritannien als kranker Mann Europas bezeichnet. Seltener wurde diese Ehre dem lange wirtschaftlich wenig entwickelten Irland, sowie Portugal und Spanien (bis in die frühen 1980er) zu Teil). In den 1990ern wurden Russland und andere osteuropäische Länder als kranker Mann Europas bezeichnet. In den von Wachstumsschwäche gekennzeichneten Jahren 2002-2005 erhielt Deutschland, vor allem in der englischsprachigen Presse, den Titel sick man *of Europe*. Im Mai 2005 schließlich brachte der britische Economist eine Coverstory zu Italien mit der Überschrift heraus *„The real sick man of Europe"*. Auch galt das Chinesische Reich lange als *sick man of Asia.* 2018 wurde wegen der Gelbwestenbewegung in den polnischen Medien Frankreich als *kranker Mann Europas* bezeichnet.

☞: Im Englischen sind Länder weiblich (*she*), der sick man hat deshalb eigentlich das falsche Geschlecht.

Die Kornkammer

Als *Kornkammer* gelten Länder und Regionen, die einen Überschuss an Nahrungsmitteln, vor allem an Getreide, produzieren. In der Antike galt Ägypten als die Kornkammer des Römischen Reiches. Wegen seiner fruchtbaren Schwarzerdeböden (Tschernosem) galt die Ukraine lange als Kornkammer Europas. Unter Stalin mussten die ukrainischen Bauern jedoch all ihre Erträge im Zuge einer forcierten Industrialisierung abgeben, so dass es 1932-1933 zu einer Hungerkatastrophe kam, einem Holodomar, welcher 7 Millionen Menschen das Leben kostete. Als andere einstige Kornkammer, in welcher die Menschen später unter einem kommunistischen Regime darben sollten, galt Rumänien. In der Endphase der Ceausescu-Diktatur in den späten 1980ern gab es in den Städten nicht mal mehr Gemüse zu kaufen. Als Kornkammer Europas wurde teilweise auch Polen bezeichnet. Zu den europäischen Regionen, die als Kornkammer galten, zählen auch Apulien (Kornkammer Italiens), die Vojvodina (Kornkammer Jugoslawiens) oder die Walachei (Kornkammer Rumäniens), der Alentejo (Portugal), Ostpreußen und die Magdeburger Börde. In Afrika galt Zimbabwe lange als Kornkammer. Heute muss die Bevölkerung jedoch nach einer Landreform unter Mugabe hungern. Auf dem Indischen Subkontinent gilt der Punjab als Kornkammer. In Nordamerika gelten der Mittlere Westen der USA (wo es einen Getreidegürtel gibt) und die Prairieprovinzen Kanadas als Kornkammern der Welt, die Kornkammer Südamerikas ist wiederum Argentinien.

☞: Neben dem Begriff Kornkammer (breadbasket = Brotkorb im Englischen) wird für asiatische Länder auch der Ausdruck *Reisschale* (Englisch: rice bowl) verwendet. Das fruchtbare Birma galt einst als solche, Vietnam entwickelt sich immer mehr dazu.

Basket case - der hoffnungslose Fall

Im Ersten Weltkrieg wurden britische und amerikanische Soldaten, die alle Gliedmaßen verloren hatten und in einer Art Korb befördert werden mussten, als *basket case* bezeichnet. Daraus hat sich später im Amerikanischen der Begriff *basket case* für einen hoffnungslosen Fall abgeleitet. Als *economic basket case* gelten Länder ohne wirtschaftliche Perspektive. Ein Beispiel dafür in der westlichen Hemisphäre ist der Karibikstaat Haiti. Seltener werden Nicaragua und Kuba so bezeichnet. Neuerdings hat Hugo Chavez' Wirtschaftspolitik sogar Venezuela diesen Beinamen eingebracht.

In Afrika gilt seit Mugabe nicht nur die einstige Kornkammer Simbabwe als basket case (`from breadbasket to basket case'), sondern der ganze Kontinent südlich der Sahara. Zu den Ländern Asiens, die in der amerikanischen Presse als basket case bezeichnet werden, gehören Nordkorea, die Philippinen, Birma und Nepal. Manche Beobachter sehen neuerdings Großbritannien durch den chaotischen Brexit als politischen *basket case*.

Tiger (und Bettvorleger)

Seit den 1980ern wird der Ausdruck *vier kleine Tiger* für die wirtschaftlich aufstrebenden ostasiatischen Länder Korea, Taiwan, Hongkong und Singapur verwendet. China, das sich selbst als Drachen sieht, sah diese von chinesischer Kultur beeinflussten Länder (drei von ihnen haben eine chinesische Bevölkerungsmehrheit) dagegen eher als *vier kleinen Drachen.*

Der wirtschaftliche Erfolg der kleinen Tiger brachte es mit sich, dass sich der Ausdruck Tiger für wirtschaftlich aufstrebende Länder einbürgerte. So galten bald auch andere asiatische Länder wie Malaysia und Thailand als Asian Tiger. In Europa wurde vom Ökonomen Kevin Gardiner Irland angesichts hoher Wachstumsraten 1994 erstmals als *Celtic Tiger* bezeichnet. Nach der Jahrtausendwende bekamen im Zuge ihres wirtschaftlichen Aufholprozesses etliche osteuropäische Länder das Tigerattribut. Die zeitweise zweistellig wachsenden baltischen Länder Estland und Lettland wurden somit als *baltische Tiger* bezeichnet, die Slowakei als *Tatratiger*, Rumänien als *Karpatentiger*, Armenien als *Kaukasustiger* und neuerdings Serbien als *Balkantiger*. Seltener gebrauchte Zuschreibungen sind: *Balkantiger* für Mazedonien, Bulgarien oder Rumänien und *Pannonian Tiger* für Ungarn. Später galten manche dieser ‚Tiger' als ‚*Bettvorleger*'.

Länder, die als Tiger bezeichnet wurden/werden:

Begriff	ab	Land
Four little Tigers **East Asian Tigers**	80er	Südkorea, Taiwan Hongkong, Singapur
Four new Asian Tigers **Tiger cubs**	90er	Malaysia, Thailand, Vietnam Indonesien, Philippinen
Celtic Tiger	1994	Irland
European Tiger	1995	Polen
Nordic Tiger	2000	Finnland
Baltic Tiger	2000	Estland, Lettland, Litauen
Latin Tiger	2000	Chile
Carpat Tiger	2004	Rumänien
Asia´s youngest tiger	2005	Vietnam
Arctic Tiger	2005	Island
Tatra Tiger	2005	Slowakei
Caribbean Tiger	2005	Trinidad und Tobago
BalkanTiger	2007	Serbien
Caucasian Tiger	2007	Armenien

Die britische Zeitschrift Economist hat für osteuropäische Boomstaaten wegen ihres eher leisen Aufholprozesses teilweise auch den Begriff Lynx (Luchs) verwendet. Im Oktober 2007 bezeichnete der schottische Minister Alex Salmond Schottland als potenzielle *Celtic Lion economy*.

Der schlafende Riese

Napoleon (1769-1821) meinte einst „*Wenn China erwacht, wird die Welt erzittern*". Er bediente damit das Gleichnis vom schlafenden Riesen. Der schlafende Riese ist längst erwacht und seit Deng Xiaoping 1978 die Parole ausgegeben hat, „es ist egal, ob die Katze schwarz oder weiß ist, solange sie Mäuse fängt" und die Wirtschaft damit liberalisierte, ist das Bruttosozialprodukt des Landes um über 1000 % gewachsen und die Welt nicht mehr dieselbe wie zuvor. Mittlerweile ist der zweite schlafende Riese (bzw. Elefant), Indien, ebenfalls erwacht und kommt rasch zu ökonomischen Kräften. Als schlafende Riesen (mittlerweile ebenso wach geworden) wurden auch Brasilien und Russland bezeichnet. Mancher dieser Riesen steht allerdings *auf tönernen Füßen* (Englisch: *giant on clay feet*).

BRIC

Aus den ehemals schlafenden Riesen sind längst BRICs geworden. Jim O´Neill von Goldman Sachs kreierte im Jahr 2001 den Begriff BRIC (Brasilien, Russland, Indien, China), um auf deren wirtschaftliche Potenziale und die Notwendigkeit, Anlageportfolios um diese Zukunftsländer zu erweitern, hinzuweisen. Um andere wichtige Schwellenländer einzuschließen sind seither Varianten entstanden wie BRIMC, welche Mexiko einschließt, oder BRICK (inklusive Korea), BRIIC (mit Indonesien) oder BRICS (Mit Südafrika). Wegen unterscheidlicher Entwicklungen, dem ungebremsten Voranstürmen Chinas bei gleichzeitigen wirtschaftlichen Problemen in Russland und Brasilien, wird BRIC mittlerweile als weniger verheißungsvolles bzw. aussagekräftiges Akronym gesehen.

❖Next 11, MIKT, MINT

Nach den 4 BRIC Ländern versuchte es Jim O'Neill von Goldman Sachs mit weiteren Ländergruppierungen.

Im Jahr 2005 schlug er die Next 11 wachstumsstarker größerer emerging markets vor. 2011 schließlich probierte er es wieder mit einem Quartett, MIKT oder auch MIST (K für Korea, S für Südkorea). Korea ist mittlerweile jedoch ein entwickeltes Land und kein emerging market mehr. 2013 wurde Nigeria aufgenommen und aus MIKT schließlich MINT.

Next 11	Bangladesh, Ägypten, Indonesien, Iran, Mexiko, Nigeria, Pakistan, Philippinen, Südkorea, Türkei, Vietnam
MIKT (MIST)	Mexiko, Indonesien, Korea,Türkei
MINT	Mexiko, Indonesien, Nigeria,Türkei

Bellwether (Trendanzeiger)

Bellwether ist ein altes englisches Wort für den mit einem Glöckchen ausgestatteten Leithammel einer Schafsherde. 1982 machte der amerikanische Autor John Naisbitt in seinem Buch *Megatrends* den Ausdruck auch für amerikanische Bundesstaaten populär, die in ihrer Entwicklung anderen Staaten vorausgehen. Dazu zählen zum Beispiel Kalifornien und Florida. Bellwether als Begriff wird heute nur im englischen Sprachraum verwendet und bezieht sich vor allem auf Regionen mit Trendsetterfunktion. Gelegentlich wird der Terminus jedoch auch auf ganze Länder angewandt. In Europa gilt Großbritannien als Bellwether/Trendanzeiger für Konsum- und Techniktrends. In Bezug auf gesellschaftliche Entwicklungen nahmen früher auch die Niederlande eine Bellwetherfunktion ein. Zu Ostblockzeiten galt Polen als Bellwether/Trendanzeiger für politische Entwicklungen in Osteuropa. In Afrika nimmt Nigeria diese Rolle ein. Wechselt das Land von Militärherrschaft zu einem demokratischen System, folgen später meist auch andere Länder Schwarzafrikas. Südafrika gilt als Trendsetter allgemeiner gesellschaftlicher Entwicklungen des Kontinents. In Lateinamerika nimmt in begrenzter Weise Chile eine Bellwether-Funktion ein, auf der arabischen Halbinsel Bahrain. In Bezug auf die Konjunkturentwicklung gilt wiederum Südkorea als Bellwether Ostasiens, in Südostasien ist es Singapur. Lettland gilt übrigens als Trendanzeiger für das Baltikum.

Bellwether-Länder (Trendanzeiger)

Kontinent	Land
Afrika	Südafrika Nigeria (Demokratieentwicklung)
Europa	Großbritannien (Konsum/ Techniktrends) Niederlande Polen (zu Ostblockzeiten) Lettland (für das Baltikum)
Südamerika	Chile
Asien	Bahrain (Golfstaaten) Singapur (Südostasien) Südkorea (Ostasien)

Silicon Valley/Island

Der amerikanische Unternehmer Ralph Vaerst (1927-2001) schlug den Begriff Silicon Valley für das High-Tech-Tal südöstlich von San Francisco vor. Der Journalist Don Hoefler (1922-1986) verwendete diesen Begriff dann ab Januar 1971 als Überschrift in einer Artikelserie der Zeitung *Electronic News* und machte ihn so bekannt. Mit dem Boom der *New Economy* um das Jahr 2000 wurde es populär, andere Regionen als *Silicon...* zu bezeichnen, so *Silicon Saxony*, für die Konzentration von Chipfabriken in Dresden, *Silicon Glen* für einen High-Tech-Korridor in Schottland oder *Silicon Alps* für Kärnten. Auch Länder wurden mit einer Silicon Valley-Variante umschrieben, so Irland und Taiwan als *Silicon Islands*, Israel als *Silicon Wadi*. Silikonlose High-Tech-Varianten sind *Hydrogen-Island* für Island, *Biopolis* für Singapur.

High-Tech-Länder

Begriff	Land
Bandwidth Capital	Südkorea
Biopolis	Singapur
Hydrogen Island	Island
Silicon Island	Irland, Taiwan
Silicon Wadi	Israel
Video surveillance capital of the world	Großbritannien
Kriminalität	
§419 Scam Capital	Nigeria
Cybercrime Capital	Brasilien

Das Armenhaus

Irland, heute auch Silicon Island genannt, galt früher als Armenhaus Westeuropas. Einst hatten Städte in Mitteleuropa Armenhäuser, in denen vor allem ältere Menschen lebten, die sich selbst nicht mehr ernähren konnten. Heute wird Armenhaus im übertragenen Sinne als Begriff für besonders arme Länder verwendet. Als *Armenhaus Europas* gilt heute etwa Moldawien.

☞: Für ein Land, das bei wirtschaftlichen Kennziffern an letzter Stelle liegt, sagt man auch, es trägt die *Rote Laterne.*

Die Lokomotive

In der internationalen Wirtschaftspolitik gibt es das Bild einer wirtschaftlichen Lokomotive, eines Landes das durch höheren Konsum und höhere Investitionen den Wirtschaftskreislauf sowie Importe stimuliert, damit andere Länder aus der Rezession zieht und somit den weltweiten wirtschaftlichen Aufschwung in Gang bringt. In den 1970er Jahren wurde Deutschland in dieser Position gesehen, später kam Japan dazu und schließlich galten auch die USA als solche, vor allem durch den hohen Konsum der US-Verbraucher. Heute wächst China in die Rolle einer internationalen Lokomotive hinein.

G2 - USA und China

1975 als G6, als Gruppe der sechs führenden Industriestaaten (USA, Japan, Deutschland, Frankreich, Großbritannien, Italien) gegründet, wurde dieses Abstimmungsforum 1976 zu G7 (Kanada) und 1998 zu G8 (Russland) erweitert. Doch seit der Finanzkrise wird immer deutlicher, dass eine wichtige Wirtschaftsbeziehung durch G-8 nicht abgedeckt ist - die zwischen den USA und der neuen ökonomischen Supermacht China, informell auch als G-2 (oder ‚Chimerica') bezeichnet.

❖ Goldilock economy

In der Wirtschaft beschreibt das Goldlöckchen-Szenario (Goldilock economy) die perfekte Mitte. Die Metapher geht auf das im englischen Sprachraum populäre Märchen von Robert Southey aus dem Jahr 1837 *Goldilocks and the Three Bears* zurück. Das Glodilock principle ist das der richtigen Mitte zwischen zwei Extremen. In der Volkswirtschaft ist es eine Situation mit mäßigem Wachstum und geringer Inflation. Osteuropäischen Ländern wie Polen, Rumänien und die Tschechische Republik wurde ab 2017 in den englischsprachigen Medien eine *goldilocks economy* zugestanden, die aber bald zu Ende gehen würde. Das wurde dann auch 2018 und 2019 prognostiziert aber die gute Entwicklung hielt noch an.

Reykjavik on the Liffey

Die seit 2008 sichtbar gewordene internationale Finanzkrise hatte zeitweise zu einer Veränderung mancher Länderbeinamen geführt. Island, wegen raschen Wirtschaftswachstums nach 2000 als ‚arktischer Tiger‘ bezeichnet, galt mit dem Zusammenbruch seiner Banken im Oktober 2008 plötzlich als Inbegriff eines Landes mit großen Wirtschaftsproblemen. Bald wurde für Irland mit seinem überdimensionierten Bankensektor ähnliches erwartet und es gab den Witz ‚*Was ist der Unterschied zwischen Island und Irland*?‘. Die Antwort: ‚*6 Monate.*‘ Irland wurde deshalb im Herbst 2008 als ‚*Reykjavik on the Liffey*‘ (der Liffey fließt durch Dublin) bezeichnet aus dem ‚*keltischen Tiger*, war ein ‚*Bettvorleger*‘ geworden. Mittlerweile boomt Irland wieder.

☞: Im Jahr 2015 wurde für Irland ein Wirtschaftswachstum von 26.3% ausgewiesen (später sogar auf 34.4% korrigiert). Das hatte auch mit der Buchungstechnik in Irland tätiger amerikanischer Firmen wie Apple zu tun, die so Steuern sparen wollten. Der US-Ökonom Paul Krugman prägte dafür im Jahr 2016 den Begriff *Leprechaun economics*. Der Kobold Leprechaun ist ein irisches Fabelwesen.

Von Dubai zu Griechenland

Ende 2009 sah es für eine kurze Zeit so aus, als sei auch das ‚Übermorgenland‘ Dubai, von der Krise stark betroffen, da der Staatsfonds Dubai World Finanzierungsschwierigkeiten hatte. Der griechische Premierminister Papandreou, der nach den Wahlen im Herbst 2009 ein unerwartet hohes Haushaltsdefizit zugeben musste, bemühte sich im Dezember 2009 die Märkte mit den Worten: „*Griechenland ist nicht Dubai*“ zu beruhigen.

Doch während Griechenland immer tiefer in die Krise schlitterte, konnten die Probleme Dubais mit Hilfe des Nachbaremirates Abu Dhabi gelöst werden. Schließlich verlautbarte Dubai: `*Dubai ist nicht Griechenland*´.

Von PIGS zu PIIGS

Als es noch 15 EU und 12 Euro-Länder waren, wurde aus deren Anfangsbuchstaben auch das Akronym BAFFLING PIGS kreiert. Die nicht-Euro-Länder waren dagegen die DUKS (Dänemark, United Kingdom, Schweden). Mit der Erweiterung von EU und Eurozone seit 2004 bzw. 2007 sind BAFFLING und DUKS als Akronyme überholt. Doch von den PIGS wurde in der Londoner Bankenwelt und etwa in der britischen Wirtschaftszeitschrift *Economist* auch später noch häufig Gebrauch gemacht. Damit wurde auch eine ökonomische Skepsis in Bezug auf die hohen Haushalts- und Außenhandelsdefizite und die vermeintlich mangelnde „Euro-Reife" einiger dieser Länder ausgedrückt. Zeitweise war die wirtschaftliche Entwicklung dieser Länder jedoch unterschiedlich, in Spanien verlief sie dynamischer, als etwa in Italien. Auch andere vermeintlich gemeinsame Nenner erwiesen sich nicht ganz als zutreffend. So wurden sie als Mittelmeerländer deklariert (Portugal liegt nicht am Mittelmeer) oder als *Latin countries* (trifft nicht auf Griechenland zu). Mit der Finanzkrise 2008/09 vor allem seit die Probleme Griechenlands sich immer mehr offenbarten, wurde das Akronym PIGS wieder aktuell und zeitweise auch zu PIIGS erweitert, um Irland einzuschließen. Mittlerweile ist PI(I)GS wieder etwas überholt. Irland boomt wieder, während Spanien ebenfalls kräftig wächst, Portugal sich stabilisiert und Griechenland die Talsohle durchschritten hat. Italien mit seiner stagnierenden Wirtschaft und seiner hohen Staatsverschuldung bleibt jedoch ein Problemland.

2. Länderformen und andere Besonderheiten

<u>2.1 Länderformen</u>

Länderformen, die als Beinamen benutzt werden

Land	Form
Frankreich	Sechseck (L´Hexagone)
Chile	Schnürsenkel, (shoestring)
Irland	Hund, Teddybär
Italien	Stiefel
Kuba	(grüne) Eidechse
Portugal	Rechteck (rectangulo)
Panama	Nabelschnur (umbilical cord)
Spanien	Stierhaut
Sri Lanka	Träne im Indischen Ozean
Taiwan	Tabakblatt

Formen, die nicht als Beinamen verwendet werden

Land	Form
Bosnien-Herz.	Dreieck, Herz
Guinea	auf der Spitze stehender Stiefel
Indien	Dreieck
Jordanien	Schmetterling
Kamerun	Langes Dreieck (elongated triangle)
Kongo	Pistolenabzug Afrikas
Kroatien	Bumerang, Schmetterling
Malawi	Blitz
Mali	Schmetterling
Norwegen	Käsehobel
Schweiz	Sparschwein
Slowenien	nach Osten blickendes Huhn
Thailand	Kopf (mit Rüssel) eines Elefanten
Togo	Schmales Handtuch

Das schmale Handtuch

Das schmale Handtuch ist ein Begriff, der nur im Deutschen verwendet wird und auf sehr schlanke Personen, seltener auf Länder angewandt wird. Bundeskanzler Helmut Schmidt (*1918) bezeichnete einst so die Bundesrepublik. Seit der Wiedervereinigung ist das Land in der Nordhälfte allerdings gar nicht mehr so schmal. Sehr schmal (durchschnittlich nur etwa 180 km breit, bei einer Nord-Süd-Ausdehnung von 4300 km) ist dagegen Chile, weshalb der Ausdruck *schmales Handtuch* auf dieses Land im Deutschen gelegentlich angewandt wird. Die Amerikaner sehen Chile dagegen als *shoestring* (Schnürsenkel). In Afrika gilt wiederum Togo (50 bis 140 km breit bei einer Nord-Süd-Ausdehnung von 550 km) als *schmales Handtuch*.

Der Stiefel

Die Apenninenhalbinsel hat fast idealtypische Stiefelform. Von Schaft, Absatz (Apulien), Sporn (Gargano) bis Spitze (Kalabrien) sind alle Elemente vorhanden. Doch auch weitere Länder- und Regionsformen werden als Stiefel interpretiert, so das afrikanische Guinea als auf der Spitze stehender Stiefel und der US-Bundesstaat Louisiana als Holzfällerstiefel.

Tiere

Die Iren sehen die Form ihrer Insel als nach Westen blickender Teddybär oder (um 90 Grad gedreht) als Hund. Slowenien wird dagegen als nach Osten blickendes Huhn gesehen. Manche Spanier finden, die Form des Landes ähnelte einer Stierhaut (pelo di toro), eher selten dagegen wird die Form Russlands als ausgestrecktes Fell eines Bären gesehen. Als es noch die Tschechoslowakei gab, erinnerte der Umriss des Landes seine Bewohner auch an einen Fisch. Das langgestreckte Kuba gilt dagegen als (grüne) Eidechse. Die Thailänder erinnert die Form ihres Landes wiederum an einen nach Westen blickenden Elefantenkopf, inklusive eines Rüssels Richtung Malaysia. Mit etwas Phantasie kann die Mongolei als auf dem Rücken liegende Schildkröte gesehen werden. Mali und Kroatien (sowie Guadeloupe), vom Profil auch Jordanien, erinnern entfernt an Schmetterlinge. Viel Phantasie braucht es auch, in der Form der Schweiz ein Sparschwein zu erkennen.

Pflanzen und Nahrungsmittel

Die Form Taiwans erinnert an ein *Tabakblatt*, Katar an einen Zigarettenstummel, es wurde deshalb bereits als *Kippe im Aschenbecher des Persischen Golfes* bezeichnet. Die Form Vietnams erinnert wiederum an *zwei Reisschalen, die durch eine Stange verbunden sind.*

Der menschliche Körper

Panama erinnert durch seine Form und Verbindungsfunktion an eine *Nabelschnur*, während die Insel Sri Lanka auch als *Träne im Indischen Ozean* gesehen wird. Seltener wird Uruguays Umriss mit einer Träne verglichen. Die Finnen sehen den Umriss ihres Landes auch als Frau, der nach dem Zweiten Weltkrieg ein Arm verlorenging.

Geometrie

Frankreich sieht sich als *Sechseck* (*L'Hexagone*), während die Portugiesen ihr Land als simples Rechteck (*Rectangulo*) sehen. Bosnien-Herzegowina hat Dreiecksform, deshalb wird das Land (und seine drei Volksgruppen) auf der Flagge als gelbes *Dreieck* symbolisiert. Kamerun gilt ebenfalls als Dreieck, allerdings als ein in die Länge gezogenes.

Andere Formen

Malawis Umriss wird auch als Blitz gesehen, Belgiens Form und geschichtliche Funktion als Aufmarschplatz als auf das *Herz Großbritanniens zielende Pistole*.

Westafrikanische Länderformen

In seinem humoristischen Buch *New World Order* (2008) erkennt der britische Autor Dixe Wills in Afrika etliche spezielle Länderformen. Die Form Malis erinnert ihn an einen Comic-Hund mit übergroßem Kopf, der durch den Wüstensand fegt. Benin sieht für ihn wie die Zahl 99 aus, von welcher ein Stück weggebrochen wurde. Gambias Form erinnert ihn wiederum an den Finger eines Onkologen, der sich im Darm Senegals zu schaffen macht.

Dubai

Das Emirate Dubai überlässt wiederum die Form seines Territoriums nicht dem Zufall. Vor der Küste entstand durch Landaufschüttung die Form einer Palme. Zurzeit wird an einem Inselarchipel gearbeitet, welches die Umrisse der Kontinente nachzeichnet.

Die Phillips-Kurve

In der Ökonomie zeigt die Phillipskurve den Zusammenhang zwischen Arbeitslosenquote und Inflation. In den siebziger Jahren ging man davon aus, dass durch Ausweitung der Geldmenge (was zur Inflation führt) Arbeitslosigkeit gesenkt werden könne. Doch die Zusammenhänge sind komplexer und die Kurve zeigt seltsame Bewegungen. Kanadische Ökonomen haben spaßeshalber die Hypothese aufgestellt, dass die Punktewolken der Philipps-Kurven, der Form des jeweiligen Landes entsprechen und dies für Kanada (und Japan) veranschaulicht (http://www.eclectecon.com/posts/1193364742.shtml).

Der geheime Botschaft

Britische Soldaten schreiben seit den 1960ern manchmal ITALY auf die Umschlagrückseite von Briefen an ihre Liebste. Dieses Akronym steht für *I truly always love you*. Eine andere Interpretation ist *I trust and love you*.

Auch andere Ländernamen wurden bereits für geheime Botschaften genutzt, zum Beispiel HOLLAND für *Hope our love lasts and never dies* und BURMA, *be upstairs ready my angel*.

Nachdem Armeebriefe mit dem Aufkommen von E-Mail und Mobiltelephonen aus der Mode kamen, erfuhren die Liebes-Akronyme mit der Zunahme von SMS-Botschaften eine Renaissance.

Als *World capital of SMS* gelten die Philippinen. Kein Wunder, dass heute viele Akronyme aus asiatischen Ländernamen gebildet werden und dass es schließlich auch die Botschaft MANILA gibt (*May All Nights Inspire Love Always*).

Andere Akronyme

CHINA	Come Home I Need Action
EGYPT	Everything Is Great You Pretty Thing
FRANCE	Friendships Remain and Never Can End
INDIA	I Nearly Died In Adoration
JAPAN	Just Always Pray At Night
KOREA	Keep Optimistic Regardless of Every Adversity
LIBYA	Love is beautiful, you also
NEPAL	Never Ever Part as Lovers
THAILAND	Totally Happy. Always in Love and Never Dull.

Der globale Truthahn

Kaum ein anderes Tier hat in verschiedenen Sprachen so viele verschiedene Namen wie der Truthahn.

Dieser ist im Deutschen nach den Lauten benannt, die er von sich gibt. Diese kann man für den Hahn als trut, trut interpretieren, für die Henne auch als put, put, deshalb die Bezeichnungen *Truthahn* und *Pute*. Der Truthahn kam ursprünglich aus Amerika und im Deutschen gab es einst verschiedene Versuche, ihn zu benennen. Theo Stemmler zeigt im Buch „Wie das Eisbein ins Lexikon kam" auf, dass Hans Sachs (1494-1576) diesen zutreffend *indianischen Hahn* nannte (in Österreich sagt man heute noch teilweise *Indianer*), während sein Zeitgenosse Conrad Gesner den Vogel als *kalkuttisches Huhn* bezeichnete (im 18. Jahrhundert gab es zudem die Bezeichnung *Libyscher Vogel*). Hadrianus Junius nannte das Geflügel wiederum *türkische Henne*, weil damals exotische Dinge mit der Türkei in Zusammenhang gebracht wurden. Im Englischen hat sich diese Bezeichnung gehalten, man sagt in dieser Sprache zum Vogel, wie zum Land, einfach *turkey*. In der Türkei wiederum heißt er nach Indien *Hindi*. Die Verbindung mit Indien (der Hafenstadt Kalikut) besteht weiterhin im Niederländischen (hier heißt der Truthahn *Kalkoen*), ebenso in den skandinavischen Sprachen (Dänisch: *Kalkun*, Schwedisch: *Kalkon*). Die Franzosen leiten die Herkunft ebenfalls aus Indien ab, bei ihnen heißt die Pute *dinde* (de Inde, aus Indien, der Hahn *dindon*). In Indonesien wiederum ist der Truthahn das *ajam belanda*, das holländische Geflügel. In Portugal und Brasilien wird der Truthahn andererseits mit Südamerika in Verbindung gebracht, hier heißt er *peru*, so heißt er auch in Indien. Im Arabischen Palästinas ist der Vogel ein *äthiopischer Hahn*. Im Mazedonischen heißt der Vogel *misir*, was sich vom türkischen Namen für Ägypten ableitet.

Chinesische Ländernamen

Im Chinesischen setzen sich die Namen anderer Länder aus Schriftzeichen und damit Silben zusammen, die versuchen, den Klang des Namens nachzuahmen und dabei noch Sinn zu machen. Als die Chinesen in den letzten Jahrhunderten neuer Länder gewahr wurden, mussten sie dafür neue Silbenkombinationen kreieren.

Mit der Benennung Amerikas, dessen Existenz den Chinesen erst im 18. Jahrhundert bewusst wurde, hatten sie jedoch ein kleines Problem. Die Silbe A steht im Chinesischen, vor allem im Süden des Landes, für eine familiäre Verkleinerungsform und gilt mitunter als pejorativ. Deshalb konzentrierten sie sich auf die zweite Silbe und nannten die USA (und den Kontinent) *mei guo* (guo steht im Chinesischen für Land). Die Silbe mei steht für schön und Amerika ist deshalb im Chinesischen *das schöne Land*.

Besorgt über den zunehmenden Einfluss italienischer Jesuiten am Hof des chinesischen Kaisers schickte im 17. Jahrhundert der Sonnenkönig Ludwig der XIV. eine Delegation französischer jesuitischer Denker nach China. Offenbar müssen diese am Hof Eindruck gemacht haben, denn Frankreich hieß in China danach erst fa lan xi, (Land) der Methodik und der Lilie im Westen (die Silbe *Fra* existiert im Chinesischen nicht, die genannte Kombination kam dem Wort France mit chinesischen Silben am nächsten), später wurde daraus fa guo, das Land der Methodik (oder des Rechts und der Regel). Deutschland ist im Chinesischen *de guo*, das Land der Tugend, Großbritannien *ying guo*, das mutige Land und Russland ist *e guo*, das magere Land. Italien wird mit *yi da li* (`Gerechtigkeit hier sehr nützlich´) lautmalerisch nachvollzogen, die Niederlande (Holland) mit *he lan*, Dänemark mit *dan mai* (roter Weizen).

China, Kina oder Schina

Im Deutschen gibt es verschiedene Aussprachen des Wortes China. Die Norddeutschen sprechen das ch wie ein ch, die Süddeutschen (vor allem die Bayern) sagen dagegen *Kina*. In etlichen Internetforen wird darüber diskutiert, wobei sich die Norddeutschen eher über die süddeutsche Aussprache aufregen als umgekehrt. Der Duden lässt wiederum beide Aussprachen gelten. Was aber die meisten Deutschsprachigen, egal ob in Nord oder Süd, nicht mögen, ist die Aussprache Schina die teilweise im Rheinland, aber auch in Sachsen gebraucht wird.

☞: Bei Chile sind sich die meisten einig, es wird in der Regel als Tschile ausgesprochen und nur von wenigen als Chile.

Sonnenaufgang, Sonnenuntergang

Etliche Länder- und Regionsbezeichnungen haben mit der Sonne und den Himmelsrichtungen zu tun. Japan ist das *Land der aufgehenden Sonne*, das gleiche gilt für den Maschrek, während der Maghreb bei den Arabern die Region der untergehenden Sonne, also der Westen ist.

Manche Sprachforscher glauben, dass auch der Name des europäischen Kontinents mit der Sonne zu tun hat und sich vom semitischen Wort *erebu* (untergehen) ableitet, welches wiederum mit dem phönizischen Wort *ereb* (der Abend, der Westen), bzw. mit dem *Maghreb* zusammenhängt. Entsprechend hat der Begriff Asien mit dem Sonnenaufgang zu tun. Die vorherrschende Theorie in der Sprachwissenschaft sieht jedoch griechische Wurzeln des Wortes, nämlich *eur* (weit) und *op* (Auge), wonach Europe mit weit geöffneten Augen zu tun hat. In der griechischen Mythologie ist Europa eine phönizische Prinzessin die Zeus in Gestalt eines Stieres entführt. Er brachte sie nach Kreta, wo sie u.a. Minos gebar.

Die freedom fries und andere Nahrungsmittel

Pommes Frites heißen im Amerikanischen *French fries* (obwohl die Belgier als deren Erfinder gelten). Als die Amerikaner im März 2003 mit der Invasion des Irak begannen, sprachen sich die Franzosen, auch um ihre traditionell guten Beziehungen zur arabischen Welt nicht zu gefährden, in der UN-Versammlung vehement dagegen aus. Sie stellten später auch kein Soldatenkontingent für die Irak-Offensive. Manche US-Amerikaner waren über die französische Haltung so verärgert, dass die Abgeordneten Robert W. Ney und Walter B. Jones die Cafeteria des US-Repräsentantenhauses im März 2003 aufforderten, *French fries* als `freedom fries´ aufs Menü zu setzten und *French toast* als `freedom toast´, was weltweite Medienaufmerksamkeit erregte und in den USA Nachahmer fand.

☞: Ähnliche Beispiele von Umbenennungen gab es im 20. Jahrhundert mehrfach.

Im Ersten Weltkrieg ersetzten die Briten die Bezeichnung *German Shepherd*/Deutscher Schäferhund durch *Alsatian* (Elsäßer), während in Amerika aus dem *German Spitz* der *American Eskimo Dog* wurde und aus den *German measles* (Deutsche Masern) *liberty measles*.

In den 1920er Jahren wurde in Griechenland, nach Konflikten mit der Türkei, aus dem *Türkischen Kaffee* der *Griechische Kaffee*.

Seit der Nachkriegszeit und dem Beitritt zur Nato nennen die Türken wiederum den *Russischen Salat Amerikanischen Salat*. Unter Franco gaben die Spanier wiederum dem Russischen Salat den Namen ensaladilla nacional, *Nationalsalat*.

Nachdem China kommunistisch geworden war, wollten die Neuseeländer die *chinesische Stachelbeere* (Chinese Gooseberry) nicht mehr unter diesem Namen exportieren und nannten diese 1974 schließlich offiziell in Kiwi um.

3. Deutschsprachige Länder

3.1 Deutschland

Das Land der Dichter und Denker

Die Französin Anne Louise Germaine de Stael-Holstein (1766-1817) gilt als Schöpferin der auf Deutschland gemünzten Bezeichnung *Land der Dichter und Denker.*
Da sie an Aktionen gegen Napoleon beteiligt war und deshalb in Paris Aufenthaltsverbot bekam, machte sie sich im Herbst 1803 auf eine Reise durch Deutschland. In Weimar traf sie dabei Schiller und Goethe, in Berlin Schlegel. 1807-1810 schrieb sie dann das Buch *De l`Allemagne* (Über Deutschland), das jedoch nach seinem Erscheinen von der napoleonischen Zensur verboten wurde. Denn das Buch zeichnete ein idealistisches Bild von Deutschland, das sich durch regionale Vielfalt, dezentrale Strukturen und von diesen hervorgebrachte kulturelle und geistige Kreativität auszeichnet. Ein Gegensatz zu dem durch Napoleon zentralistisch regierten Frankreich. Nach 1815 prägte dieses Buch das Deutschlandbild der französischen Intellektuellen, es führte aber auch zu einer Unterschätzung der späteren Rolle Deutschlands als Konkurrent und Rivale Frankreichs.
☞: Nach der Machtergreifung durch den Nationalsozialismus 1933 hat der österreichische Publizist und Satiriker Karl Kraus (1874-1936), Herausgeber der *Fackel*, in Anspielung darauf den Ausdruck „Volk der Richter und Henker" geprägt.

Made in Germany

Durch die mit dem *Merchandise Mark Act* 1887 in Großbritannien eingeführte Kennzeichnung *Made in Germany* zielten die Briten darauf ab, deutschen Produkten den Marktzugang zu erschweren. Doch die Kennung entwickelte sich bald zu einem Qualitätslabel und entsprechende Produkte verkauften sich umso besser.

Die Apotheke der Welt

Noch bis in die 1980er Jahre galt Deutschland auch als *Apotheke der Welt*. Seine leistungsfähige Pharmaindustrie hatte vor allem mit zwei Produkten dazu beigetragen. 1899 brachte die Firma Bayer das Mittel *Aspirin* auf den Markt, welches schnell internationale Verbreitung fand. 1961 führte die Berliner Firma Schering wiederum die *Anti-Baby-Pille* ein, die in europäischen Ländern schnell Anwendung fand. Seit den neunziger Jahren gelten eher die USA als Apotheke der Welt. Neuerdings versucht sogar Indien, diesen Titel zu erwerben.

Der Bevölkerungsrückgang

Mit der Anti-Baby-Pille setzte in den 1960er Jahren der *Pillenknick* genannte Geburtenrückgang in Deutschland ein. Wegen der weit unter der Bestandserhaltung liegenden Fruchtbarkeitsziffer wird für die kommenden Jahrzehnte trotz Wanderungsüberschuss ein deutlicher Bevölkerungsrückgang prognostiziert. Man fragt sich, ob das Land im Englischen in Zukunft nicht mehr Ger*many* sondern Ger*few* heißen sollte.

Von Bizonesien zu Trizonesien

Nach dem Zweiten Weltkrieg teilten die Besatzungsmächte Deutschland in vier Zonen. 1947 wurden die britische und amerikanische Zone wirtschaftlich vereint, scherzhaft wurde diese sog. Bizone *Bizonesien* genannt. 1949 wurde daraus mit dem französischen Teil, eine Trizone (und damit die Bundesrepublik), die bereits im Volksmund Trizonesien genannt wurde. Bereits 1948 produzierte der Komponist Karl Berbuer (1900-1977) den Karnevalsschlager „*Wir sind die Eingeborenen von Trizonesien*".

DDR - in Anführungszeichen

Die DDR wurde nach dem Mauerbau 1961 von vielen westdeutschen Zeitschriften und Zeitungen in Anführungszeichen geschrieben. Während viele Verlage diese Praxis in den siebziger Jahren wieder aufgaben, behielt der Springer-Verlag die Anführungszeichen auch später noch bei. Doch bereits vor der Wiedervereinigung war auf einer Karte in der Fernsehzeitschrift *Hörzu* das Wort *DDR* ohne Anführungszeichen zu sehen. Ein Versehen, eine neue Strategie? fragten sich manche. Doch bald darauf fiel die Mauer und nicht nur das Anführungszeichen verschwand, sondern die ganze DDR. ☞ Die DDR-Bürger wiederum waren kreativ, wenn es darum ging, mit Alltagshumor der kommunistischen Realität ihre Ernsthaftigkeit zu nehmen. So wurde das Akronym DDR auch als *der dumme Rest*, oder *drei doofe Russen* interpretiert.

BRD - die Abkürzung

Vor allem die DDR nutzte für Westdeutschland die Abkürzung BRD (die sich auf das Gebiet ohne Berlin bezog), aber auch im Westen ließ sich diese Bezeichnung nicht vermeiden. Es gab den Spruch `Wer ARD sagt, muss auch BRD sagen´. Manche meinten wiederum `Wir lassen uns nicht BRDigen´. Nach Parteispendenskandalen in den 1980ern interpretierten andere die Abkürzung wiederum als *Bananenrepublik Deutschland*. Manche, die der Bürokratie überdrüssig waren, lasen die Abkürzung auch als *Beamtenrepublik Deutschland*. Heute wird das Akronym BRD weit weniger benutzt als noch in den 1980ern. Man sagt oft einfach nur Deutschland, weil es ja keine zwei deutsche Staaten mehr gibt.

Deutschlands viele Namen

Kein anderes Land in Europa hat so viele Nachbarn wie das mitten im Kontinent gelegene Deutschland. Für kaum ein anderes Land gibt es so viele verschiedene Namen.
Für die Engländer und Italiener ist Deutschland als Heimstatt der Germanen (mit denen die Römer und Briten in der Geschichte in Kontakt getreten waren) *Germany* bzw. *Germania*. Die Franzosen, Spanier und Portugiesen benennen das Land hingegen nach dem südwestlichen Volksstamm der Alemannen (*Allemagne, Alemanha*). Die Skandinavier und Niederländer, selbst Germanen, verwenden dagegen den Eigennamen des Landes, allerdings in der landessprachlichen Abwandlung (*Duitsland, Tyksland* etc). Die Finnen und Esten nennen das Land nach dem östlichen Volksstamm der Sachsen (*Saksa, Saksamaa*). Für die Letten (*Vacija*) und Litauer (*Vokietija*) sind die Deutschen dagegen schlichtweg das Volk (*deutsch* leitet sich denn auch vom althochdeutschen *diota* `das Volk´ ab).

Die stummen Deutschen

Für slawischsprachige Länder ist Deutschland dagegen *Nem..* (zum Beispiel im Tschechischen *Nemecko*, im Russischen *Nemoy*). Dies leitet sich vom Wortstamm für stumm ab und bezog sich auf die, die die (slawische) Sprache nicht sprechen. Ursprünglich waren damit alle nichtslawischen Nachbarvölker gemeint, später nur mehr die Deutschen. Übrigens nutzen auch die Ungarn diesen Wortstamm für die Bezeichnung der Deutschen.

Moffrika

Die Holländer nennen die Deutschen umgangssprachlich auch *Moffen*. Eher selten werden die davon abgeleiteten Begriffe benutzt. Deutschland ist demnach *Moffrika*, die deutsche Sprache *Moffrikaans*.

☞: Der deutsche Kabarettist Matthias Deutschmann interpretierte wiederum das Verkehrsgeschehen in Deutschland aus holländischer Sicht als *Moffensausen auf der Autobahn*.

Die Marmeladinger

Im Ersten Weltkrieg bekamen die deutschen Soldaten als Brotaufstrich billige Marmelade. Die Soldaten trugen es mit Humor und nannten diese *Heldenbutter* oder *Hindenburgfett*. Die österreichischen Soldaten durften dagegen der relativ ergiebigen Milch- und Viehwirtschaft des Landes entsprechend, noch Butter und Schmalz aufs Brot schmieren. So verspotteten die Österreicher die mit ihnen verbündeten Reichsdeutschen bald als *Marmeladinger*.
Heute ist *Marmeladingen* ein in Österreich (selten) gebrauchter salopper Begriff für die Bundesrepublik.
Seit dem Erlass der EU-Konfitürenverordnung des Jahres 1982 dürfen unter dem Begriff Marmalade nur Fruchtaufstriche aus Zitrusfrüchten verkauft werden (denn in Großbritannien wo die Marmelade 1797 erfunden wurde, besteht sie nur aus denselben). Aufstriche aus übrigen Früchten müssen als Konfitüre verkauft werden. Da dieser Begriff in Österreich nicht üblich war, führte dies dort zu Bürgerprotesten (und schließlich Ausnahmeregelungen). Manche meinten scherzhaft, nach der EU-Verordnung müsste *Marmeladingen* (also Deutschland) jetzt entsprechend *Konfit(h)üringen* genannt werden.

Die Piefkei

In Österreich werden Deutsche mit von außerhalb des Süddeutschen kommender Sprachfärbung umgangssprachlich (und eher abwertend) als *Piefke* bezeichnet. In neuerer Zeit wird Deutschland entsprechend (etwa in informellen Internetforen) auch *Piefkei* genannt.

<u>3.2 Die Schweiz</u>

CH - Confoederatio Helvetica

In der Schweiz gibt es vier offizielle Sprachen. Kein Wunder, dass in Bezug auf das Landeskürzel auf eine Lateinische Version des Landesnamens (*Confoederatio Helvetica*) zurückgegriffen wurde.
S steht bereits für Schweden und der nächste Buchstabe wäre in der deutschen, französischen und italienischen Version jeweils verschieden.
CH als Landeskürzel für die Schweiz wird allerdings international nicht von allen verstanden, manchmal wird es als Czech Republic oder China falsch interpretiert.

Das Wasserschloss Europas

Die Schweiz sieht sich auch als *Wasserschloss Europas.* Die Schweizer Alpen sind niederschlagsreich, weisen größere Gletscher auf und im Land gibt es 1500 Seen und zahlreiche Flüsse. Das Gotthardmassiv stellt sogar eine kontinentale Wasserscheide dar. Rhein (er mündet in die Nordsee), Rhone (fließt ins westliche Mittelmeer), Ticino (Adria) und Inn (über die Donau ins Schwarze Meer) entspringen hier. 6% der Süßwasservorräte Europas lagern in den Schweizer Alpen und der recht tiefe Genfersee gilt als größter Frischwasserspeicher Europas (gleichzeitig ist er der tiefste See Frankreichs).

Die Willensnation

Wegen ihrer vier Sprachen, der kulturellen und landschaftlichen Vielfalt wird die Schweiz auch als *Europa im Kleinen* bezeichnet. Die ethnische Vielfalt ist auch ein Grund, weshalb sich die Schweiz als `*Willensnation*´ sieht. Damit wird ausgedrückt, dass es sich um eine bewusst gewollte Gemeinschaft von Bürgern unterschiedlicher ethnischer (sprachlicher, religiöser etc.) Herkunft handelt, die sich einem gemeinsamen Staatswesen zugehörig fühlen. Dieses Konzept ist gerade auch deshalb heute wichtig, weil die Schweiz von einer hohen Zuwanderungs- und Einbürgerungsquote gekennzeichnet ist. Geschaffen wurde der Begriff durch den Schweizer Philosophen Carl Hilty (1833-1909), damals waren mit den Bürgern allerdings nur die Männer gemeint, die Frauen bekamen in der Schweiz erst spät das Wahlrecht (erst 1971, im Kanton Appenzell Innerrhoden erst 1990). Selbst französischsprachige Schweizer sagen *Willensnation*, da *nation issue de la volonté* umständlich klingt.

Schweiz und der Panamakanal

Sweden und Switzerland und abgeleitete Adjektive (Swedish, Swiss) klingen für Englischsprachige ähnlich. Ob es wohl daran lag, dass, als der Panama-Kanal 1914 eröffnet wurde und große Seefahrernationen vom US-Außenminister eingeladen wurden, ihre Marine zu senden, auch ein Einladungsschreiben an die Schweiz ging.

Switzerland - Swiss

Als ausgesprochenes Qualitätslabel gilt *Made in Switzerland.* Für Schweizer Luxusuhren wäre dies allerdings zu lange und es ließe sich nicht symmetrisch auf dem Zifferblatt anbringen. So steht auf Schweizer Uhren meist nur *Swiss Made* (manchmal auch nur *Swiss*). Eine andere Variante ist *Fabriqué en Suisse,* (die Uhrenhersteller sind meist im französischsprachigen Landesteil angesiedelt).
Als die *Swissair* in Konkurs ging und man nach einem neuen Name für die Airline suchte, verkürzte man den alten Namen einfach zu *Swiss*, was für viele nach solider Schweizer Qualität ohne überflüssige Worte klingt. Der in der Schweiz lebenden Kanadier Tyler Brulé bekam damals den Auftrag, ein Corporate Identity zu schaffen und schlug diesen Namen vor.

Liechtenstein und der Maler

Liechtenstein ist außerhalb des Alpenraums nur wenig bekannt, was sich durch den Zumwinkel-Steuerskandal von Anfang 2008 leicht gebessert haben dürfte. Bekannter ist, zumindest in Amerika, der amerikanische Pop Art-Maler Roy Lichtenstein (1923-1997). Vielleicht liegt es daran, dass der Landesname von amerikanischen Medien immer wieder als *Lichtenstein* falsch geschrieben wird. Aber auch deutschen Medien, die es wissen müssten, ist dieser Fehler bereits passiert, so in einer thematischen Karte in der Geographischen Rundschau im Jahr 2006.
☞: Im Englischen wird Liechtenstein auch als *double landlocked* Staat gesehen, da es von zwei Ländern umschlossen ist, die selbst Binnenländer sind.

Der helle Stein

Auch mit dem Nummernschild-Landeskürzel FL (Fürstentum Liechtenstein) können viele auf Anhieb nicht viel anfangen, manche mögen es wohl als Finnland interpretieren. Das Fürstentum Liechtenstein ist eigentlich das letzte Überbleibsel des Heiligen Römischen Reiches Deutscher Nation, für das es in Kriegen einst jeweils 5 Soldaten stellen musste. Der Landesname selbst leitet sich von einer Burg bei Wien ab, die ihren Namen wiederum vom *liechten* Stein, dem hellen Stein hat.

Das Precision Valley

Liechtenstein wird fälschlicherweise von manchen nur als Steuerparadies ohne eigene Produktion gesehen, dabei ist das Land hoch industrialisiert. Bekannteste Firma ist der Werkzeughersteller Hilti AG (Umsatz 2007 4,7 Mrd Franken) in Schaan. Wegen seiner High-Tech-Industrie nennt sich Liechtenstein auch *Precision Valley*.

Austria und die Römer

Austria war keine von den Römern gebrauchte geographische Bezeichnung. Vielmehr handelt es sich dabei um eine nachträglich latinisierte Landesbezeichnung, des althochdeutschen bzw. altbaierischen *Ostarrichi*. Dieser Name wurde erstmals 996 in einem Dokument genannt, welches im Bayerischen Staatsarchiv in München aufbewahrt wird. Das Wort setzt sich aus Ost und einem damaligen Wort für Mark zusammen, nicht jedoch Reich, denn ein solches war Österreich damals noch nicht) und gilt wiederum als volkssprachige Übersetzung des in lateinischen Texten des Mittelalters verwendeten Begriffs *Marchia Orientalis*. Österreich war von 976-1156 als Ostmark eine Verwaltungseinheit im Herzogtum Bayern (Ostmark war später teilweise auch eine Bezeichnung für die DDR-Währung). Mit der Latinisierung war eine Ähnlichkeit zum Lateinischen Wort für Süden und damit eine Verwechslungsgefahr mit dem späteren Australien gegeben. Austria ermöglicht allerdings auch das A auf dem Autokennzeichen.

Austria - Australia

Im Englischen verwechseln manche Austria (Österreich) mit Australia (Australien). Im Postzentrum in Wien kommen angeblich täglich mehrere Postsäcke mit hunderten Briefen an, die fälschlicherweise nach Australien geschickt wurden. In Österreich gibt es zur Aufklärung der Verwechsler ein T-Shirt „No Kangaroos in Austria".

☞ Im Buch *Das ist bei uns nicht Ouzo* gibt Hans-Martin Gauger folgende österreichische Postanekdote wieder: Ein Wiener möchte auf der Post einen erwarteten postlagernden Brief abholen. Der Beamte fragt „ *Poste restante*". Darauf der Wiener: „*Nein, nein, katholisch.*"

Felix Austria

Bella gerant alii, tu felix Austria nube
Nam quae Mars aliis, dat tibi diva Venus.

(Kriege führen mögen andere, du glückliches Österreich heirate. Denn was Mars den anderen verschafft, gibt dir die glückliche Venus).

Der Autor dieses womöglich aus antiken Vorbildern bereits im 15. Jahrhundert abgeleiteten Spruches (zum Beispiel aus einer Stelle in einem Epos des Ovid zum Trojanischen Krieg) ist unbekannt. Beschrieben wird damit das Geschick des Hauses Habsburg, seinen Herrschaftsbereich weniger durch Kriege als durch eine geschickte Heiratspolitik auszuweiten. Zur Zeit Karl V. bestand mit den spanischen und lateinamerikanischen Gebieten sogar ein Reich, `in dem die Sonne niemals untergeht´.

In einem fernen Land jenseits von Oberenns..

In gewissem Sinne fangen alle ungarischen Märchen mit Oberösterreich an. Denn diese beginnen mit

„Messi, messi földön, meg az operencian is tul...“,

und damit also mit `*in einem fernen, fernen Land jenseits von Ob der Enns´. Land ob der Enns* war der alte Name Oberösterreichs. Oberösterreich war also lange so eine Art westliches Ende der den Ungarn bekannten Welt. Indirekt beginnen die ungarischen Märchen damit sogar mit Deutschland, denn dieses liegt jenseits von Oberösterreich. In ungarischen Märchen kommt zudem oft das obderennsische Meer vor, womit die Seen des Salzkammergutes gemeint sein sollen. Als Meer der Ungarn gilt wiederum der Plattensee (ungarisch: Balaton).

Österreich als Cisleithanien

Als es noch Österreich-Ungarn gab, galt der kleine Fluss Leitha als Grenzfluss zwischen den beiden Landesteilen. Der ungarische Teil des Reiches wurde deshalb auch als *Transleithanien*, der österreichische (der auch die heutige Tschechische Republik umfasste) als *Cisleithanien* bezeichnet. Das heutige österreichische Bundesland Burgenland gehörte übrigens zu Transleithanien, denn es lag östlich (rechts) der Leitha. Der Vertrag von Trianon des Jahres 1920 zwang jedoch Ungarn dieses damals als Deutsch-Westungarn bezeichnete Gebiet an Österreich abzutreten. Die Hauptstadt der Region, Ödenburg (ungarisch: Sopron) blieb jedoch bei Ungarn, denn die Mehrheit der Bevölkerung hatte sich bei einer Volksabstimmung dafür ausgesprochen. Sopron erhielt deshalb in Ungarn den Titel *urbs fidelissima* (*treueste Stadt*). Das relativ kleine Eisenstadt bekam wiederum die Funktion einer Hauptstadt des Burgenlandes.

Rot-weiß-rot

Die Farbfolge rot-weiß-rot steht für die österreichische Flagge und damit auch für das Land selbst. Im Februar 1938 diktierte Adolf Hitler Österreichs Kanzler Kurt von Schuschnigg die Bedingungen für einen Anschluss der Alpenrepublik: „Verhandelt wird nicht. Sie haben zu unterschreiben". Schuschnigg fügte sich, doch er bäumte sich noch einmal auf, in dem er unter der Parole *Rot-Weiß-Rot: Bis in den Tod* für den 13. März 1938 eine Volksabstimmung für ein freies und einiges Österreich ansetzte. Doch am 11. März musste Schuschnigg zurücktreten und am 12. März marschierte die Wehrmacht in Österreich ein und vollzog den Anschluss. Nach dem Krieg gab es Radiosender und Fernsehsendungen die Rot-Weiß-Rot hießen. Die Farbfolge ist allerdings auch Grundlage für Witze, denen zu Folge sie verhindert, dass

die Flagge von den Österreichern verkehrt herum aufge-
hängt wird.

☞: Die österreichische Nationalhymne beschreibt das
Land folgendermaßen: `Land der Berge, Land am
Strome, Land der Äcker, Land der Dome´.

Robert Musils Kakanien

Der österreichische Schriftsteller Robert Musil (1880-
1942) hinterließ mit seinem unvollendeten Werk *Der
Mann ohne Eigenschaften*, einen der einflussreichsten
deutschsprachigen Romane des 20. Jahrhunderts. Die
Arbeit daran hatte Musil bereits 1921 begonnen, der erste
Band des auf drei Bände angelegten Werkes erschien
1930, 1932 der erste Teil des zweiten Bandes. Bis zu
seinem Tod zehn Jahre später hinterließ Musil ein
Konvolut von tausenden Blättern, aus denen spätere
Herausgeber eine Fortsetzung des unvollendeten Werkes
konstruierten. Die Handlung des Romans spielt im Wien
des Jahres 1913, einer Zeit der Vorbereitung des 70.
Thronjubiläums Kaiser Franz Josef I. Damals bestand
noch die kuk (Kaiserlich-königliche)-Monarchie und
Musil leitete daraus die noch heute manchmal gebrauchte
ironische Bezeichnung *Kakanien* für dieses Gebilde ab.

Otto von Habsburg und das Fußballspiel

Der 1912 geborene Otto von Habsburg (1979-1999 saß er
für die CSU im Europaparlament) war der letzte Kron-
prinz Österreich-Ungarns. Nach der Wende 1989 war
Habsburg sogar als Präsident Ungarns im Gespräch. Von
Habsburg denkt noch heute in den Kategorien der
Doppelmonarchie. Es gibt den Witz, wo ihm gesagt wird,
*„heute Abend gibt es das Fußballspiel Österreich-
Ungarn"*, worauf er antwortet `und gegen wen spielen
wir´.

4. Europa

<u>4.1 Nordeuropa und Baltikum</u>

Finnland - Kekkoslovakia

Der finnische Politiker Urho Kekkonen (1900-1986) war von 1950-1956 Ministerpräsident und von 1956-1981 Staatspräsident des Landes. Finnische Schüler sollen in einem Aufsatz zum politischen System des Landes dieses in jener Zeit so dargestellt haben „der Präsident des Landes heißt Kekkonen und wird alle 4 Jahre gewählt." Finnland galt als neutral und pflegte gute Beziehungen zur Sowjetunion. Außerhalb des Landes sprach man sogar von einer *Finnlandisierung*, die angeblich auch Deutschland drohte. Kekkonen ging sogar davon aus, dass nur er von den Sowjets akzeptiert wurde und russisches Archivmaterial zeigte später wirklich, dass das Nachbarland daran interessiert war, ihn im Amt zu halten. Dies brachte dem Land in jener Zeit den Spitznamen *Kekkoslovakia* ein.

Finnland – von SF zu FIN

Finnland ist zweisprachig und den Landesnamen gibt es in der finnischen (*Suomi*) und der schwedischen (*Finland*) Version. Deshalb hatte das Land lange das Länderkürzel und Autokennzeichen SF. Doch der Wiedererkennungswert war gering und manche interpretierten das Kürzel sogar als `Sowjetrepublik Finnland´. So änderte man es in den 90er Jahren schließlich zu FIN (bzw. FI).

Der fehlende Arm

Manche Finnen sehen die Form ihres Landes als Jungfrau mit langem Rock. Im Nordwesten ist ein Arm der Frau zu erkennen (diese Region wird in Finnland auch als Arm bezeichnet) im Süden ist unter dem Rock ein Fuß zu erkennen. Der zweite Arm und der zweite Fuß gingen nach dem Zweiten Weltkrieg durch Gebietsabtretungen an die Sowjetunion verloren.

Finland - the Fine land

In Finnland richtet sich das Bußgeld für Geschwindigkeitsüberschreitungen (übrigens seit 1930) nach dem Einkommen der Verkehrssünder. Als um 2000 durch den Internetboom im High-Tech-Land Finnland besonders gut verdient wurde, gingen Berichte über Rekordstrafen für finnische Verkehrssünder durch die Weltpresse. So sollte der Nokia-Manager Anssi Vanjoki über 100 000 $ bezahlen, weil er mit seiner Harley Davidson statt zugelassenen Höchstgeschwindigkeit von 50 km/h mit 80 durch die Stadt gebraust war. Vanjoki zog vor Gericht und konnte eine erhebliche Reduktion des Strafmaßes erreichen, da nicht mehr sein hohes Einkommen von 1999 (5 Millionen Dollar) sondern das wesentlich niedrigere aus dem Jahr 2000 (600 000 Dollar) als Grundlage genommen wurde. Über diesen und ähnliche Fälle wurde international berichtet und eine australische Zeitung gab dem Land den Beinamen *Fine land* (Strafland).

Das Land der tausend Seen

Finnland hat wegen seiner Seenplatte den Beinamen *Land der tausend Seen.* In Wirklichkeit ist die Zahl wohl größer. In Estland gibt es ebenfalls viele Seen. Hier hat man genauer nachgezählt. Da es das Land der 1000 Seen bereits gibt, wirbt Estland mit dem Slogan *Land der 1500 Seen* um Touristen. In Litauen gibt es ebenfalls viele Seen. Doch hier wird die Gewässerzahl poetischer ausgedrückt. Ein örtlicher Dichter hat Litauen das Land der `3000 blauen Augen´ bezeichnet. Im benachbarten Weißrussland werden sogar 11 000 Seen gezählt, das Land hat den Beinamen `Land der blauen Seen´.

E-stonia

Die Informationsgesellschaft ist in Estland weiter entwickelt als in anderen Ländern. Estland ist ein Pionier in Bezug auf Online-Wahlen, zu den Entwicklungen estnischer Informatiker gehören Produkte wie Skype und Kazaa. Um den Vorsprung zu halten, wurde das durch den Landesnamen begünstigte Ziel, das Land zu *E-stonia* zu machen, ausgegeben. Die Entwicklung zur Informationsgesellschaft wurde auch dadurch gefördert, dass bereits unter Sowjetzeiten an der Universität von Tallinn eine starke Informatikfakultät bestand. Denn die Sowjetunion wollte an den baltischen Universitäten die politisch sensitiven Sozialwissenschaften nicht haben.

Vom Estland zum Festland

Im Jahr 2002 fand der Eurovision Song Contest in Estland (Tallinn) statt, welches im Jahr zuvor diesen Sangeswettbewerb gewonnen hatte. In der RTL-Comedy-Show `Sieben Tage-Sieben Köpfe´ kommentierte darauf Gabi Köster, das Land sollte sich wenigstens ein F zulegen und so endlich zum Festland werden.

Der Begriff Festland geht übrigens auf den Theologen und Reformpädagogen Joachim Heinrich Campe zurück (1746-1818), der für tausende Fremdwörter Eindeutschungen entwickelte, von denen etwa 300 in den allgemeinen Sprachgebrauch übergegangen sind, darunter auch *Festland* für das zuvor gebrauchte Wort *Continent*.

☞: Um 2000 gab es übrigens in Estland Überlegungen, das Land auch im Englischen Estland (statt Estonia) nennen zu lassen, da dies skandinavischer und weniger `osteuropäisch´ klingt.

Litauen

Auch in Litauen kamen in den letzten Jahren Diskuss-ionen auf, das Land im Englischen umzubenennen. Redakteure der *Baltic Times* schlugen scherzhaft vor, das Land wegen seiner hohen Selbstmordquote *Suicidia*, wegen seiner Knödel *Cepelinia*, wegen seines Mutes *Bravia* oder es einfach *Südlettland* zu nennen.

Latvia - the singing country

Lettland hat auch den Beinamen *singendes Land*. Das Land brachte etliche Sänger hervor, durchlief Ende der 80er Jahre (wie Estland und Litauen) eine *Singing Revolution* und gewann 2002 den Eurovision Song Contest.

Island versus Grönland

Island hat ein raues Klima, doch obwohl es große Gletscher gibt, ist es trotz des Namens nicht unbedingt ein Land, das nur von Eis geprägt ist. Dies trifft eher für Grönland zu, dessen mächtige Inlandsgletscher über 95% des Landes bedecken. Das war auch zur Zeit der Entdeckung durch die Wikinger kaum anders, obwohl es kleinere Klimaschwankungen mit wärmeren Perioden gab. Dennoch nannten die Wikinger die Insel *Grünland*, ihre nordamerikanischen Entdeckungen gar Weinland.

Dänemark - Däneeuro

Das bisweilen europaskeptische Dänemark hat bisher den Euro nicht eingeführt. Doch gibt es in der Bevölkerung eine wachsende Zahl von Euro-Befürwortern, zumal die dänische Krone ohnedies an den Euro gekoppelt ist. Eventuell wird es eine Volksabstimmung zur Euro-Einführung geben. Manche fragen sich allerdings scherzhaft, ob mit dem Euro auch das Land umbenannt werden müsste - von *Dänemark* in *Däneeuro*.

Das Fußnotenland

Am Ende des kalten Krieges galt Dänemark als *Fuß-notenland* (*footnote country*). Denn in keinem Statement der NATO fehlte eine Fußnote, in welcher Dänemark seine Vorbehalte ausdrückte. Auch Griechenland und Norwegen hatten zeitweise wegen ähnlichen Verhaltens den Status eines Fußnotenlandes.

☞: Aus Shakespeares Hamlet (1603) stammt das Zitat `Es ist etwas faul im Staate Dänemark´ (*something is rotten in Denmark*), heute feststehende Redewendung.

Norwegen: NO

Der Ländercode für Norwegen ist NO (zweistelliger ISO-Code und das Internetdomainkürzel, das Autokennzeichnen ist dagegen N) und dies passt zumindest was die Haltung des Landes zur EU-Mitgliedschaft betrifft, schließlich hat das Land in Volksabstimmungen (1972 und 1994) bereits zweimal eine solche abgelehnt.

The big brother

Schweden ist mit 9 Millionen Einwohnern ein bevöl-kerungsmäßig eher kleines Land. Doch hat es fast doppelt so viele Einwohner wie Norwegen, Dänemark oder Finnland. In Nordeuropa sieht sich Schweden, das im 17. Jahrhundert die Ostsee beherrschte, als einen Kopf größer als die Nachbarn und wird von diesen auch *großer Bruder* genannt. Gelegentlich wird Schweden auch als *Drei-Kronen-Land* bezeichnet, wegen der drei Kronen (*Tre Kronor*) auf dem Staatswappen. Doch für was diese drei Kronen (drei Provinzen, drei Länder ?) eigentlich stehen, ist nicht ganz geklärt.

Ein Beiname Schwedens ist zudem *Land der Mitter-nachtssonne*, doch den trägt auch Norwegen. Schweden sieht sich selbst auch als *folkshemmet*, als „Volksheim" und galt früher als Inbegriff eines Wohlfahrtsstaates.

La fille ainée de l`Eglise

Der aus der Merowingerdynastie stammende fränkische König Chlodwig I. (französisch: Clovis, 466-511) wird von französischen Historikern als Mitbegründer Frankreichs gesehen, da er auf diesem Territorium bestehende regionale Königtümer unterwarf und das Land einigte. 496 heiratete er die burgundische Prinzessin Clothilde und trat zum katholischen Glauben über. Chlodwigs Taufe um 500 hatte eine wichtige Bedeutung für die spätere Geschichte Europas, da dadurch das Fränkische Reich und damit die später aus ihm hervorgehenden Länder Frankreich und Deutschland christianisiert wurden. Chlodwig soll vom Bischof von Rom angeblich bestimmte Privilegien für die Kirche in seinem Reich verlangt haben, was später im Gallikannismus, der Forderung nach einer eigenständigen katholischen Kirche für Frankreich mündete und 1309 sogar zu einer Verlegung des Amtssitzes des Papstes ins südfranzösische Avignon führte. Die von Chlodwig verlangten Sonderrechte führten auch dazu, dass Frankreich den Beinamen *Fille aignée de l'Eglise* (große Schwester der Kirche) bekam.

Frankreich und Navarra

Von 905 bis 1589 gab es in den Westpyrenäen das Königreich Navarra. 1512 wurde der Landesteil südlich der Pyrenäen von Kastilien erobert. 1589 wurde Heinrich III. von Navarra (1553-1610), der über den verbliebenen Teil nördlich der Pyrenäen herrschte als Heinrich IV. König von Frankreich (Heinrich IV. trat dafür zum Katholizismus über, der Ausspruch `Paris ist eine Messe wert´ wurde ihm zugesprochen). Navarra war somit in Personalunion mit Frankreich verbunden und bis zur Französischen Revolution trugen die französischen

Könige den Titel *König von Frankreich und Navarra*. In Frankreich sagt man heute noch (das größte, beste etc.) *...von Frankreich und Navarra* (*France et Navarre*), ohne dass die meisten Franzosen wüssten, was es mit Navarra auf sich hat.

Das Land der Menschenrechte

Frankreich wird auch als *pays des droits de l'homme* bezeichnet, als *Land der Menschenrechte*. Dies geht auf die Französische Revolution zurück, als im August 1789 von der Nationalversammlung eine Erklärung der Menschen- und Bürgerrechte angenommen wurde. Darin werden individuelle und gemeinschaftliche Rechte definiert. Der Text war von der Aufklärung inspiriert. 1793 wurde eine noch längere Version verabschiedet.

Obwohl die Sufragettenbewegung (Einführung des Frauenwahlrechts) in dieser Epoche Frankreichs ihren Ursprung hatte, bekamen die französischen Frauen erst 1944 das Wahlrecht, deutlich später als die Frauen in Deutschland (1918) oder der Türkei (1930).

Das Land der Menschenrechte war zudem das letzte westeuropäische Land, in welchem noch die Todesstrafe angewendet wurde (1977), erst 1981 wurde sie in Frankreich abgeschafft.

Das Zifferblatt Europas

Der in Frankfurt als Juda Löb Baruch geborene Journalist und Theaterkritiker Carl Ludwig Börne (1786-1837) ließ sich 1830 in Paris nieder. Frankreich war damals Deutschland in seiner gesellschaftlichen und politischen Entwicklung voraus, weshalb Börne das Land und insbesondere Paris als *Zifferblatt Europas* bezeichnete.

Börne schrieb in einem Brief (1822): „Frankreich ist das Zifferblatt Europas. Hier sieht man, welche Zeit es ist, in anderen Ländern muss man erst die Uhr schlagen hören."

Das Sechseck (Hexagone)

Für Frankreich gibt es mehrere, allerdings oft nur dort verwendete Bezeichnungen, zum Beispiel, der Form des Landes entsprechend, *Hexagone* (Sechseck, eigentlich entspricht die Form eher einem Fünfeck, aber ein Pentagon gibt es ja schon woanders), oder auch *Fünfte Republik*. Um zu zeigen, dass nur der europäische Teil gemeint ist (also ohne Überseegebiete) wird manchmal in Tabellen der Zusatz ‘Metropole´ zugefügt.

Frankreich hat nicht nur sechs Ecken, sondern auch über 200 Käsesorten. Charles de Gaulle soll einmal gesagt haben *„Wie kann man ein Land regieren, in welchem, es über 246 Käsesorten gibt“*. Genau scheint das Zitat nicht überliefert zu sein, denn die Zahl wird auch mit 365, mehr als ein Jahr Tage hat oder ‘über 200´ zitiert.

Belgien - the cockpit of Europe

Bereits im Jahre 1640 beschrieb der englische Schriftsteller James Howell (1594-1666) Belgien als ‘*the cockpit of Christendom*´. Cockpit war damals im Englischen die Bezeichnung für eine Hahnenkampf-Arena (cock = Hahn) und Belgien bekam diesen Spitznamen, weil dort viele europäische Kriege ausgetragen wurden. Die Schlacht von Waterloo fand später ebenfalls in Belgien statt, zu dieser Zeit sagte man ‘*Cockpit of Europe*´ zum Land. Hundert Jahre nach Napoleon wurde im Ersten Weltkrieg Belgien wieder zu einem Schlachtfeld, bei Ypern lieferten sich die Kriegsparteien einen erbarmungslosen Stellungskrieg. Im 2. Weltkrieg fanden gegen Kriegsende in den Ardennen verlustreiche Kämpfe statt. Seither herrscht Frieden im Land. Doch das mit dem Cockpit passt immer noch, wenn auch in anderem Sinne. Denn dadurch, dass Brüssel Hauptsitz wichtiger EU-Institutionen (und der NATO) ist, befindet sich sozusagen das Cockpit des Kontinents in Belgien.

Belgien - outre Quiévrain

Quiévrain ist eine belgische Gemeinde (6600 Ein-wohner), die unmittelbar an der französischen Grenze liegt. Die Franzosen sagen deshalb zu Belgien auch *outre-Quiévrain* (jenseits von Quiévrain), die Wallonen nutzen denselben Ausdruck für Frankreich. Zu Deutsch-land sagen die Franzosen übrigens auch *outre-Rhin*, zu Großbritannien *outre-Manche* (jenseits des Ärmelkanals), zu Spanien *outre-Pyrénées*, zu Italien *outre-Alpes*.
☞: Belgien wird gelegentlich auch als *Land der tausend Biere* bezeichnet. Noch im 19. Jahrhundert gab es im Land 3000 Brauereien. Heute sitzt in Belgien mit Inbev der weltweit größte Bierkonzern.

Outre-Moerdijk

Die Belgier sagen zu den Niederlanden auch *outre-Moerdijk*. Dabei ist Moerdijk (36 000 Einwohner) gar keine Grenzstadt, sondern liegt bereits tief im Landes-inneren. Früher hat der Ort sogar zur Provinz Holland gehört. Doch im Jahre 1421 schuf die St. Elisabethsflut das Gewässer *Hollands Diep* im Mündungsbereich der Maas und trennte die Gemeinde von Holland ab. Während die Gebiete nördlich von Moerdijk später protestantisch wurden, blieb der Süden katholisch. Man sagt deshalb, dass die eigentlichen (protestantischen) Niederlande nördlich von Moerdijk beginnen. Als 1831 Belgien gegründet wurde, verblieben auch etliche katholische Gebiete bei den Niederlanden. Die niederlän-disch-belgische Grenze entspricht deshalb weder einer Sprach- noch einer Religionsgrenze. Da die Staatsgrenze mitten durch die Region Brabant verläuft, sehen auch viele Belgier den Fluss Maas bis zur Mündung bei Moerdijk als eigentliche Mentalitätsgrenze. Deshalb sagen die Belgier auch outre-Moerdijk (französisch) bzw. *boven Moerdijk* (flämisch) zu den Niederlanden. Wenn

die Niederländer dagegen *beneden-* (unter dem) *Moerdijk*
sagen, meinen sie eher den Süden des Landes als Belgien.

Die Niederlande und Holland

Umgangssprachlich werden die Niederlande oft als
Holland bezeichnet, obwohl Holland nur eine Provinz des
Landes ist. Noch gebräuchlicher ist die Bezeichnung
Holländer statt Niederländer für die Einwohner des
Landes. Die Engländer haben diese Wahl nicht, dafür
aber einen dritten Begriff, the *Dutch*, ein Wort, dem man
die Verwandtschaft zu den `Deutschen´ ansieht. Diese
heißen jedoch im Englischen `Germans´. Im Amerika der
Kolonialzeit kam es deshalb zu Verwechslungen. Mit
dem Ausdruck *Pennsylvania Dutch* waren Deutsche
Einwanderer gemeint, nicht Niederländer.
Heute wird im Englischen das kurze Wort Dutch mit
anderen Worten zu neuen Begriffen kombiniert, zum
Beispiel *Dutch leave* für eine nicht genehmigte Abwe-
senheit, *Dutch treat*, wenn im Restaurant jeder für sich
bezahlt oder *Dutch courage* für angetrunkenen Mut.

Das Holzland

Nur wenige wissen, dass Holland eigentlich Holzland
bedeutet. Doch Bevölkerungswachstum und der Holzbe-
darf seiner Flotte führten schon vor Jahrhunderten dazu,
dass Holland bald zu einer waldarmen Region wurde und
Holz aus Deutschland über den Rhein einführen musste.

Das kalte Froschland

Die Holländer haben einen seltsamen Spitznamen für ihr
Land *ons koude Kikkerlandje*, `unser kaltes Froschland´
also. So nennen sie es manchmal, vor allem wenn sie von
wärmeren Gefilden zurückkehren, denn von der Nordsee
her weht oft ein nicht besonders warmer Wind.

United Kingdom

Die korrekte Bezeichnung für England, Wales, Schottland und Nordirland ist eigentlich United Kingdom (of Great Britain and Northern Ireland), Vereinigtes Königreich (von Großbritannien und Nordirland) also. Trotzdem wird im Deutschen meist der Ausdruck Großbritannien verwendet, der eigentlich Nordirland nicht einschließt. Schlimmer noch, bezeichnen manche das Königreich schlicht als England, was vor allem bei Schotten nicht gut ankommt. Im Magazin der Süddeutschen Zeitung wurde im Jahr 2004 sogar Wales als die *Schweiz Englands* bezeichnet.

Grande Bretagne

Mit ihrem Hang zum Understatement sagen die Briten oft nur *Britain* zu ihrem Land und lassen das Great weg. Die Franzosen sagen dagegen immer *Grande Bretagne*, denn eine Bretagne haben sie ja schon in ihrem eigenen Land.

Das perfide Albion

Albion ist ein alter, vermutlich keltischer Name für Großbritannien. Den Römern war angesichts der weißen Kreidefelsen von Dover der Name einleuchtend, denn albus bedeutet im Lateinischen weiß. Vielleicht geht das Wort auch, wie die Alpen, auf den indogermanischen Wortstamm *alb* zurück, mit dem das altirische Wort für Schottland, Albia, ebenfalls zusammenhängt. Dann wäre Albion, das oft nur auf England bezogen wird, eigentlich Schottland.

Im Jahre 1793 ergänzte der Dichter Augustin Marquis de Ximenez die Landesbezeichnung zu *perfides Albion* (perfidious Albion, la perfide Albion), was sich später als stehender Begriff herausbildete und von Kriegsgegnern zu Propagandazwecken benutzt wurde. Damit sollte die angebliche Hinterhältigkeit britischer (englischer) Außenpolitik beschrieben werden.

The Old Dart

Old Dart ist ein Spitzname für England beziehungsweise das Vereinigte Königreich. Im Dialekt der Region Essex steht dart für dirt (was weniger für Schmutz als für Erde, Boden steht). Old Dart ist also so etwas wie der heimatliche Boden, die Heimaterde. Im Weltkrieg verwendeten englische Soldaten diesen Begriff, heute ist er in noch in Australien und Neuseeland in Gebrauch.

Wales und die Walnuss

Interessanterweise gibt es einen Zusammenhang zwischen dem Regionsnamen Wales und der Walnuss.
Der germanische Name für die Kelten leitet sich von dem zwischen Rhein, Main und Leine siedelnden keltischen Stamm der Volcer ab. Wales ist eine Variante dieses Volksnamens. Weil die südlich der Germanen siedelnden Keltenstämme romanisiert wurden, wurde es später in germanischsprachigen Ländern üblich, die romanischen Nachbarn mit dem germanischen Wort für Kelten zu belegen. In der Schweiz heißen die Französischsprachigen deshalb auch die Welschen, in Tirol sind damit die Italiener gemeint (auch das unverständliche Kauderwelsch hängt damit zusammen), in Belgien sind es die Wallonen. Auch die slawischen Völker nutzten ähnliche Worte. Italien heißt im Polnischen Wlochy und im Regionsnamen Walachei (der in Rumänien nicht genutzt wird) drückt sich dies ebenfalls aus. Die aus dem Süden kommende Walnuss hat wiederum ihren Namen, weil sie als welsche Nuss bezeichnet wurde.

The Emerald Isle

Emerald Isle (Grüne Insel) ist ein poetischer Name für Irland, denn durch das regenreiche milde Atlantikklima ist auf der Insel die Vegetation besonders grün. Der irische Dichter William Drennan (1754-1820) reklamiert diese Wortschöpfung für sich, zumindest hat er sie im Gedicht *Erin* im Jahr 1795 benutzt. Erin ist wiederum ein keltischer Name für Irland (ähnlich wie Eire).

Irland - Eire

Um ihre nationale Identität herauszustreichen wird in Irland das keltische Irisch gefördert, obwohl es nur wenige sprechen. 2007 wurde Irisch sogar zu einer der über 20 offiziellen EU-Amtssprachen und seither ist das Land auch in der offiziellen alphabetischen EU-Reihenfolge der EU-Länder nach vorne gerückt, denn es heißt nun offiziell Eire - Ireland. Was die Iren jedoch nicht gerne sehen ist die Tatsache, dass Großbritannien und Irland in den Atlanten als Britische Inseln bezeichnet werden. Wenigstens heißt das Meer zwischen Irland und Großbritannien Irische See.

☞: Im Luxemburgischen heißt Irland übrigens Irrland, ebenso heißt ein Irrgarten in den Niederlanden.

Land of a thousand welcomes

Ein gälischer Willkommensgruß lautet *Céad Mile Fáilte,* hunderttausendmal Willkommen. Daraus leitete sich der Beiname Irlands *Land of a thousand welcomes* ab. Dieser passt in die heutige Situation, denn aus dem einstigen Auswandererland ist mit dem Wirtschaftsboom des Landes längst ein Einwandererland geworden. Zur EU-Osterweiterung vom Mai 2004 wurde der Zugang zum irischen Arbeitsmarkt freigegeben und Irland mußte vor allem Polen und Litauer hunderttausendfach willkommen heißen, so wie in der gälischen Version des Grußes.

Italien, Land des Weines und der Rinder

Die alten Griechen nannten Italien *Oinotria*, `Land der an Pfählen gezogenen Reben´. Italien war also bereits in der Antike ein wichtiges Weinanbauland. Der Landesname Italien soll wiederum mit Rindern zusammenhängen und ebenfalls über die Griechen etabliert worden sein. Italos hießen bei den Griechen die Bewohner Kalabriens, deren Name leite sich wiederum von Italos, dem Stier ab, ein Wort, das vermutlich aus dem Lateinischen ins Griechische gelangte (eventuell über vitulus, dem Kalb).
Der deutsche Historiker Theodor Mommsen (1817-1903) nannte in seinem Werk *Römische Geschichte* (1856) Italien deshalb auch `Wein- und Rinderland´.

Italien - das Land wo die Zitronen blühn

Johann Wolfgang von Goethe (1749-1832), der sich von 1786-1788 auf eine Italienreise begab, hat im Gedicht *Mignon* den heute noch für Italien verwendeten Ausdruck *Land, wo die Zitronen blühn* geprägt und damit der Italiensehnsucht der Deutschen Worte verliehen.

Kennst du das Land, wo die Zitronen blühn,
Im dunkeln Laub die Gold-Orangen glühn,
Ein sanfter Wind vom blauen Himmel weht,
Die Myrte still und hoch der Lorbeer steht?
Kennst du es wohl?
Dahin! dahin
Möcht ich mit dir, o mein Geliebter, ziehn.

Italien - Land der tausend Campanile

Vielen Italienern ist die eigene Stadt näher als das Land, die italienische Politik ist deshalb von Kirchturmsdenken, (`Campanilissmo´) geprägt. Italien hat daher auch den Beinamen *Land der tausend Campanile*.

Das Land der Heiligen, Poeten und Seefahrer

Italien wird auch *Land der Heiligen, Poeten und See-fahrer* genannt. Der Bestandteil ‛Seefahrer´ überrascht zunächst, doch haben Italiener eine wichtige Rolle bei der Entdeckung Amerikas gespielt, vom Genuesen Kolumbus, dem venezianischen Nordamerikaentdecker Giovanni Caboto/John Cabot, dem Florentiner Amerigo Vespucci, nach dem Amerika benannt wurde, bis Giovanni da Verrazano, der die Küste Nordamerikas erkundete.

Griechenland

Der Name des Landes (im Englischen *Greece*) leitet sich vom lateinischen graecus ab. Deshalb ziehen etliche Griechen die hellenische Variante vor. Manche meinen auch, die lateinische Version wäre vor allem in der Osmanischen Zeit propagiert worden. Dabei sagen die Türken Yunanistan. Auch die Perser und Araber nutzen die Bezeichnung Yunan, die sich vom Ionischen Meer ableitet. Die Griechen selbst bevorzugen jedoch den Eigennamen Hellas (Ellada), das Land der Hellenen, ein Begriff der mythologisch positiver besetzt ist. Doch Bestrebungen, das Länderkürzel von GR auf EL abzuändern, setzten sich nicht durch, da der Wiedererkennungswert dieses Kürzels international nur gering ist.

Zypern und Kupfer

Zypern war einst kupferreich. Noch im 20. Jahrhundert gab es auf der Insel Kupferminen. Kein Wunder, dass das Land nach Kypros, dem Kupfer benannt ist.

Malta

Die Griechen nannten die Inseln Melita, die Römer Melitta, was Honig bedeutet. Malta hat deshalb heute noch den Beinamen *Land des Honigs*. Obwohl das Land sehr klein ist, hat es interessanterweise ein Autokennzeichen, das nur aus einem Buchstaben besteht - M.

☞ Melitta ist übrigens auch der Name einer Kaffeefiltermarke. Diese wurde nach der Dresdener Hausfrau Melitta Bentz (1873-1950) benannt, die den Filter 1908 erfunden hatte.

Portugal

Wie die nordafrikanischen Länder ist auch Portugal nach einer Stadt benannt, nach Portus Cale (warmer Hafen), dem heutigen Porto. Die lateinische Bezeichnung für Portugal ist Lusitania. So hieß auch ein Passagierschiff, das im Ersten Weltkrieg nach einem deutschen Torpedoangriff unterging, 1198 Menschen in die Tiefe zog und den Kriegseintritt der Amerikaner beschleunigte.

Das Land der Entdecker

Portugal wird auch als Land der Entdecker (oder der Seefahrer und Entdecker) bezeichnet. Und tatsächlich trugen um 1500 etliche Portugiesen zur (aus europäischer Sicht) Entdeckung der Küsten Afrikas, Asiens und Amerikas bei, darunter Magellan, Vasco da Gama, Bartolomeu Diaz und Cabral.

Monaco

Ebenso wie das Fürstentum heißt im Italienischen die bayerische Hauptstadt München *Monaco*. Um Verwechslungen zu vermeiden, fügen die Italiener deshalb *di Baviera* hinzu, falls die `*Weltstadt mit Herz*´ gemeint ist. Manchmal nutzen die Bayern allerdings selbst das Wort Monaco für München, zum Beispiel in der Serie *Monaco Franze - der ewige Stenz* (1983).

Seit 2007 fahren französische TGV-Schnellzüge von Paris direkt bis München. Auch nach Monaco gibt es von Paris aus TGV-Verbindungen. Dies wurde einem jungen

Italiener im März 2008 zum Verhängnis, als er in Paris eine Zugfahrkarte nach München kaufen wollte, wo ihn seine Angehörigen am Hauptbahnhof erwarteten. Als er eine Fahrkarte nach Monaco (di Baviera) verlangte, bekam er eine ins Fürstentum und war, dort angekommen, erstaunt, dass am Bahnhof von seinen Angehörigen nichts zu sehen war.

☞: Monaco hat übrigens auch den Beinamen *le rocher*, *der Fels*, denn auf einem solchen liegt die Altstadt.

Spanien, das Land der Klippschliefer

Spanien verdankt seinen heutigen Namen eigentlich einer Verwechslung. Als die Phönizier zum ersten Mal auf der Iberischen Halbinsel landeten, sahen sie dort viele höhlengrabende Kaninchen. Doch sie glaubten es wären Klippschliefer, die sie aus ihrer nordafrikanischen Heimat kannten und die dort Shapan hießen (heute sind Klippschliefer in ganz Afrika verbreitet, jedoch gerade nicht im ehemals phönizischen Tunesien). Dem neu entdeckten Gebiet gaben sie deshalb den Namen *I-Shapanim*, Land der Klippschliefer. Bei den Römern wurde dies zu Hispania, woraus im Deutschen später Spanien wurde.

Andorra

Andorra soll von Karl dem Großen gegründet worden sein, um dem Vordringen der Mauren auf der Iberischen Halbinsel Einhalt zu Gebieten. Der Ursprung des Ländernamens ist allerdings unklar. Erklärungen reichen vom arabischen Wort al-Darra (Wald), dem spanischen Verb andar (gehen), bis zum biblischen Kanaäer-Bergdorf Endor, nach dem das Fürstentum ebenfalls von Karl dem Großen benannt worden sein soll.

☞: Der Schweizer Schriftsteller Max Frisch (1911-1991) wählte 1961 *Andorra* als Titel für ein Theaterstück.

Ungarn - die fröhlichste Baracke

Vor der Wende 1989 galt Ungarn, das unter Janos Kadar (1912-1989, 1956-1988 Generalsekretär der Sozialistischen Arbeiterpartei) mehr ökonomische Reformen und private Initiativen zuließ als andere Länder östlich des Eisernen Vorhangs und deshalb ein besseres Versorgungsniveau aufwies, (auch als *„Gulaschkommunismus"* bezeichnet) als *„fröhlichste Baracke des Ostblocks"*. Als im Jahr 2007 die staatliche russische Energiefirma Gazprom begann, Aktien des ungarischen Energiekonzern MOL aufzukaufen, wurde in Ungarn diese Terminologie wieder aufgegriffen und manche warnten, Ungarn dürfte nicht zur *fröhlichsten Baracke von Gazprom* werden.

Ungarn - Land der drei Millionen Bettler

Die Zahl drei scheint in Ungarn für die Bildung von Parolen eine wichtige Rolle zu spielen. Im Jahr 1916 sagte Deszö Buday *'Dreizimmerwohnung, 2. Klasse im Zug, drei Gänge zu Mittag- das ist die ungarische Mittelschicht.'* Nach dem verlorenen Ersten Weltkrieg und dem Vertrag von Trianon, der zum Verlust von zwei Dritteln seines Territoriums und 55% der Industrie führte, setzte in Ungarn eine wirtschaftliche und Identitätskrise ein. Man sprach in der Zwischenkriegszeit (das Land wurde 1920-1944 von Miklos Horthy regiert) von einem *Land der drei Millionen Bettler.*

Nach einer Zeit als fröhlichster Baracke und mehr als zehn Jahre nach der Wende wurde von Victor Orban (Ministerpräsident von 1998-2002) 2000 die folgende Parole für den ungarischen Mittelstand ausgegeben: *drei Kinder, drei Zimmer, vier Räder.*

Mit der Wirtschaftskrise seit 2006 wird allerdings bereits wieder das Bild der *3 Millionen Bettler* genutzt.

Unsere Republik und der Christus der Nationen

Der Ländername Polen hängt mit dem slawischen Wort
polje (Feld) zusammen und das flache Polen wirkt ja
auch wie ein weites Feld. Im Laufe der Geschichte haben
sich die Grenzen Polens immer wieder verschoben. Im
Jahre 1569 wurde mit Litauen die Union von Lublin
geschlossen, das gemeinsame Land reichte tief in den
Osten, bis vor die Tore Kiews. Der polnische Teil wurde
damals auch als *die Krone* bezeichnet. Da es eine
Wahlmonarchie war, in welcher der Adel den König
wählte, hatte das Land auch ein wenig den Charakter
einer Republik, Polen wurde von der Bevölkerung auch
als `unsere Republik´ bezeichnet. Zwischen 1764 und
1795 kam es zu drei Teilungen Polens. Die Nachbar-
staaten Preußen, Österreich und Russland teilten Polen
untereinander auf. Erst 1918 wurde das Land wieder
unabhängig und eine *Zweite Republik* entstand.
☞: Weil Polen nach Teilungen und Annektierung durch
andere Länder immer wieder zum Leben erwachte, wird
es auch *Christus der Nationen* genannt.

Polska A und Polska B

In der Zwischenkriegszeit war deutlich geworden, dass
sich in Polen ein starkes wirtschaftliches Ost-West-
Gefälle herausgebildet hatte. Das Gebiet östlich der
Weichsel war weniger entwickelt und wurde als Polska B
bezeichnet. Der höher entwickelte Westen galt dagegen
als Polska A. Um das Gefälle auszugleichen, plante man
ab 1935 den Aufbau eines zentralen Industriegebietes,
COP genannt, auf beiden Seiten der Weichsel zwischen
den Städten Kielce, Radom und Lublin, das beide Regionen ökonomisch verklammern sollte. Doch der Zweite
Weltkrieg kam dazwischen und der östliche Teil von
Polska B ging an die Sowjetunion verloren. Etliche seiner
Bewohner wurden in die ehemaligen deutschen Gebiete

im Westen umgesiedelt. Diese haben heute höhere Arbeitslosenquoten als Zentral- und Südpolen und damit Charakteristiken von Polska B nach Westen getragen. Der nicht ganz verwirklichte zentrale Industrieraum wird heute wiederum manchmal als Polska C bezeichnet.

Böhmen und Bayern

Es gibt die These, wonach Böhmen und Bayern dem Namen nach etymologisch verwandt sind. Beide Namen sollen sich vom keltischen Stamm der Boier ableiten. Böhmen steht demnach für boio-hemun, der Heimat der Boier. Die Bayern hießen wiederum ursprünglich baio-warioz (daraus wurden die Bajuwaren), was als Männer aus Böhmen gedeutet wird. Vermutlich leitet sich der Name der Boier vom indogermanischen bhei ab, was schlagen bedeutet. Im Tschechischen bedeutet boj Kampf. Übrigens gibt es den Ausdruck 'Als Böhmen noch bei Österreich war', für die Zeit vor 1918 (auch als Lied von Peter Alexander, allerdings beginnend 'Wie Böhmen...)

☞: Bohemio/Bohèmien ist im Spanischen und Französischen wiederum ein Ausdruck für Zigeuner. Daraus leitet sich der Begriff *Bohemian* für wenig bürgerlich lebende Großstädter (Intellektuelle, Künstler) ab.

Tschechische Republik

Während die Slowakische Republik als Slowakei bezeichnet wird, sagt man im Deutschen offiziell nicht mehr Tschechei, da der Begriff durch den Nationalsozialismus, als man `die Erledigung der Rest-Tschechei´ plante, negativ besetzt ist. Deshalb hat man das Wort Tschechien kreiert, welches sich aber erst allmählich durchsetzt. In Bayern und Österreich wird traditionell meist noch von der `Tschechei´ gesprochen´, während man in Sachsen eher `Tschechien´ sagt. Im Tschechischen selbst existiert der Landesname nur als Adjektiv.

Absurdistan

Nach der Niederschlagung des Prager Frühlings im Jahr 1968 begann das politische Leben in der Tschechoslowakei zu erstarren. Der Dissident Vaclav Havel (*1936) der 1977 durch die Charta 77 bekannt und nach der Samtenen Revolution 1989 Präsident wurde, bezeichnete damals sein Land als *Absurdistan*, ein Ausdruck der von Dissidenten angesichts der dortigen Realität auch auf die Sowjetunion angewandt wurde.

Slova-Kia

Als die Slowakei noch zum ungarischen Teil des kuk-Reiches gehörte, hieß sie dort auch Oberungarn. Damit war sie gleichzeitig Teil Transleithaniens (des Gebietes östlich der Leitha) und von Cisdanubien, dem Gebiet diesseits bzw. östlich der Donau.

Als sich der koreanische Autohersteller Kia im Jahr 2005 entschloss, ein großes Automobilwerk in der Slowakei zu errichten, meinten die Slowaken, es sei kein Wunder dass die Wahl auf ihr Land gefallen war (statt etwa auf Polen), schließlich hieße es ja Slova-Kia. Wegen der beträchtlichen Investitionen ausländischer Autohersteller hat das Land heute den Spitznamen *Detroit of the East*. Wegen dem dadurch ausgelösten Wirtschaftsboom wird das Land heute auch als *Tatra Tiger* bezeichnet.

Republik Moldau

Manchmal wird die Tschechische Republik auch als Moldau-Republik bezeichnet (für Polen gibt es den Begriff Weichsel-Republik). Doch neuerdings nennt sich Moldawien Moldau-Republik, obwohl das Land nicht an der Moldau, sondern an Nistru und Pruth liegt. Moldau (oder Moldawien) ist eine der historischen Regionen Rumäniens, doch mit der Namensänderung versucht sich das Land eher von Rumänien abzugrenzen. Ende der neunziger Jahre kam es für das damals noch unter Moldawien firmierende Land zu unerwarteten Windfall-Profiten aus dem Internetboom. Das Internet-Domain-Länderkürzel von Moldawien md, war für den amerikanischen Gesundheitssektor interessant, da es dort für *medical oder medicine* steht.

☞: Moldawien und Albanien stehen für wenig entwickelte, fast obskure südosteuropäische Länder. Deshalb kombiniert die Reisebuchsatire *Molwanien- Land des schadhaften Lächelns* die Namen beider Länder im Titel.

Weißrussland

Warum Weißrussland (Belarus), so heißt, ist nicht ganz klar. Immerhin gibt es im Westen des Landes eine fruchtbare Schwarzerderegion, die Schwarzrussland genannt wird. Vielleicht bezieht sich das Weiß auf das Gegenteil dieser Schwarzerderegion. Im Westen der Ukraine gibt es wiederum eine rotrussische Region, die Ukrainer werden deshalb auch als Rotrussen bezeichnet. Vor 1991 galt Weißrussland übrigens als ‚*Werkbank der Sowjetunion*'.

Die Ukraine - das Grenzland

In der Geographie slawischsprachiger Länder taucht oft das Wort Krai (Kraj, Kraina) auf, zum Beispiel in Slowenien als Oberkrain und Unterkrain. Es bedeutet so viel wie Gegend, Landschaft, Grenzland. Auch in der Ukraine ist es enthalten, der Landesname steht also für Grenzland. Er ist sogar mit dem Namen der ostdeutschen Region Uckermark verwandt.

Der König von Russland

In London gab es einer Anekdote nach einst ein Hotel namens *King of Prussia*. Doch im Ersten Weltkrieg war der Name nicht mehr opportun. So strich man einfach einen Buchstaben weg und das Hotel wurde zum *King of Russia* (obwohl es dort statt Könige Zaren gab).

Winston Churchill meinte zum Land übrigens: „ *Russia is a riddle wrapped in a mystery inside an enigma* ".

Bulgarien

Der Ländername Bulgarien hängt vermutlich mit dem türkischen Verb bulg, mischen, zusammen. In Bulgarien mischten sich denn auch etliche Völker. Das Nachbarland Mazedonien, in der Geschichte lange mit Bulgarien vereint, wird manchmal mit einem gemischten Salat in Zusammenhang gebracht (siehe weiter unten).

Rumänien

Rumänien heißt im Englischen Romania, die Amerikaner schrieben früher Rumania. Die Einwohner des Landes werden als Rumänen bezeichnet (im Englischen Romanians). Jedoch gibt es eine wichtige Minderheit, die politisch korrekt Roma genannt wird, ebenso im Englischen. Im Rumänischen heißen sie dagegen Rom. Viele Rumänen gingen seit dem EU-Beitritt des Landes im Jahr 2007 nach Italien. Im Sommer 2007 kam es dort zu einem Verbrechen, das die sprachliche Unterscheidungsfähigkeit herausforderte: In Rom (Italienisch: Roma) ermordete ein rumänischer Roma (Rumänisch: Rom) eine Römerin.

Ceauschwitz

Die letzten Jahre der Diktatur Nicolae Ceausescus (1918-1989), seit 1974 Präsident des Landes, waren für die Rumänen besonders hart. Nahrungsmittel waren knapp und rationiert und im Winter mussten die Menschen in wenig geheizten Wohnungen und schummrigem Licht ausharren. Für Bukarest, aber auch für das ganze Land kam der Spitzname *Ceauschwitz* auf.

Slowenien - die Verwechslung

Slowenien und die Slowakei werden oft verwechselt. Beide Länder entstanden in den 90er Jahren durch den Zerfall größerer Einheiten, beide traten 2004 der EU bei, beide liegen im östlichen Mitteleuropa und die Flaggen der beiden Staaten ähneln sich ebenso. Im Englischen (Slovakia, Slovenia) sind die Namen der beiden Länder noch ähnlicher als im Deutschen. Vor allem die Amerikaner verwechseln deshalb diese Länder

Von George Bush wird berichtet, dass er 1999, damals noch Gouverneur von Texas, einem slowakischen Journalisten berichtete, das einzige, was er über die Slowakei wüsste, hätte er vom slowakischen Außenminister erfahren, der kürzlich zu Besuch in Texas gewesen sei. Jedoch war es der slowenische Premierminister Drnovsek, der Texas besucht hatte. Aber auch manche Europäer können es nicht besser. Im Jahr 2006 stellte der damalige (und heutige) italienische Ministerpräsident Silvio Berlusconi den damaligen slowenischen Premierminister Rop mit den Worten vor *„Ich freue mich, den Premierminister der Slowakei heute hier zu haben."*

Angeblich treffen sich die Botschaftsangehörigen beider Staaten in manchen europäischen Ländern regelmäßig, um fehlgeleitete Post auszutauschen.

Slowenien - mit Liebe

Im Wort S*love*nia steckt übrigens love, was das Tourismusbüro des Landes mittlerweile in seinen Kampagnen nutzt. Ljubljana soll übrigens übersetzt angeblich *die Geliebte* heißen, was aber von den Slowenen nicht bestätigt wird (diese meinen, der Name leite sich vom örtlichen Fluss ab). Ansonsten vermarktet sich Slowenien auch als *Sunny side of the Alps*, Sonnenseite der Alpen.

Slowenien und die Schlawiner

Im Herzogtum Krain im heutigen Slowenien gab es einst eine deutsche Sprachinsel - das Gottscheer Land um die Stadt Gottschee. Auf dem karstigen Boden war die Landwirtschaft allerdings schwierig und so bekamen die Gottscheer das Recht, in Österreich als Hausierer ihr Geld verdienen zu dürfen. Dabei müssen sie sich geschickt angestellt haben, denn von diesen `Slowenen´ leitete sich später das Wort *Schlawiner* ab.

Kroatien und die Krawatte

Die Krawatte wurde von den Kroaten erfunden. Ein kroatisches Regiment in französischen Diensten soll im 17. Jahrhundert damit ausgerüstet gewesen sein. Die Franzosen nannten deshalb das Kleidungsstück nach den Kroaten *cravatte*, und diese Bezeichnung wurde auch in anderen Sprachen (wie im Deutschen, Italienischen oder Spanischen) übernommen. Nur die Engländer sagen *necktie* oder *tie*, aber auch im Englischen gibt es das Wort cravat. Dieses bezieht sich jedoch nur auf ein spezielles Tuch.

☞: Übrigens gibt es eine Verbindung von Kroatien zum Namen eines afrikanischen Landes. Die Republik Kongo wird auch als Kongo-Brazzaville bezeichnet und der Namensteil Brazza steht mit der kroatischen Insel Brac in Zusammenhang, wie im Afrikakapitel gezeigt wird.

Bosnien - Herzegowina und der Herzog

In der Regionsbezeichnung Herzegowina steckt das deutsche Wort Herzog. Der Habsburger und deutsche Kaiser Friedrich IV. (1415-1493) machte den Groß-Vojvoden (der Regionsname Vojvodina hängt mit diesem Titel zusammen) Stjepan Vukic 1448 zum Herzog dieser Region. Bosnien wiederum ist nach dem Fluss Bosna benannt.

Großscherbien und das Mobiltelefon

Im zerfallenden Jugoslawien versuchte Serbien, durch Annexion von Teilen Kroatiens und Bosniens ein Groß-serbien zu schaffen. Angesichts der innerjugoslawischen Kriege in den 90er Jahren meinte das Satireblatt Titanic, die Serben hätten kein Großserbien geschaffen, sondern ein *Großscherbien*. Nachdem der Machtbereich Belgrads immer mehr schrumpfte, kam nach 2006 der Witz auf, Serbien müsste in *Nokia* umbenannt werden, denn jedes Jahr käme ein kleineres Modell heraus. Nokia selbst hat den Anschluss an den Smartphonemarkt verpasst und die Mobiltelefonproduktion mittlerweile eingestellt.

Solania

Nachdem sich in einer Volksabstimmung eine Mehrheit für eine Unabhängigkeit ausgesprochen hatte, trat Montenegro im Juni 2006 aus der im Jahr 2003 entstanden Konföderation mit Serbien aus. Diese hatte das Länderkürzel SCG (Srbija i Crna Gora) und wurde von der Bevölkerung nach dem EU-Beauftragten Solana, der sie propagiert hatte, auch scherzhaft *Solania* genannt. Bei der Fußball-WM 2006 traten Serbien&Montenegro letztmals gemeinsam auf.

☞: Montenegro hat seit der Unabhängigkeit einen uner-warteten Windfallprofit: es erhielt 2008 das Internet domainkürzel .me. Man hofft, mit Domainnamen wie *love.me*, *kiss.me* etc Geld machen zu können.

Montenegro

Montenegro bedeutet `schwarze Berge´ und viele meinen, der Name entspräche der italienischen Version dieser beiden Worte. Doch dann müsste es eigentlich *Monte-nero* heißen. Das g in negro kommt vielmehr aus dem venezianischen Dialekt. Venedig beherrschte lange Zeit den Adriaraum und so setzte sich seine Dialektvariante in der Namensgebung durch.

☞: In den letzten Jahren hat Montenegro zunehmende Investitionen aus Russland angezogen, Russen sind vor allem als Investoren im Immobilienbereich aktiv. Durch die große Zahl der Russen im Land hat Montenegro neuerdings auch Beinamen *Moscow on Sea*.

Kosovo und das Amselfeld

Der (auch das) Kosovo ist heute überwiegend albanisch besiedelt, doch das Wort Kosovo (die Albaner sagen allerdings Kosova) selbst ist ein slawisches, das sich von Kos, der Amsel ableitet. *Kosovo Polje* ist das *Amselfeld*, auf welchem die Serben 1389 eine wichtige Schlacht gegen die Türken verloren, weshalb es für die Geschichte des Landes eine wichtige Rolle spielt. Eigentlich ist die korrekte Bezeichnung für das Gebiet *Kosovo Polje und Metochia*. Doch nicht nur der westliche Landesteil Metochia wird kaum mehr erwähnt, auch Polje wird meist weggelassen. Die Albaner würden die Gegend jedoch am liebsten nach der ehemaligen illyrischen Provinz Dardania nennen. Während das Kosovo nach der Amsel benannt ist, hätten die albanischstämmigen Kosovaren jedoch auf der Landesflagge gerne einen anderen Vogel gesehen - den schwarzen albanischen Adler. Doch die EU bestand auf einem Flaggendesign mit 5 Sternen, welches alle fünf Volksgruppen repräsentiert.

Unmikistan

Mit der Resolution 1244 des UN-Sicherheitsrates wurde am 10. Juni 1999 für den Kosovo die UNMIK-Mission (United Nations Interim Administration Mission in Kosovo) der UN geschaffen. Seither hat das Gebiet bei der dortigen Bevölkerung auch den Spitznamen *Unmikistan*. Am 17. Februar erklärte sich der Kosovo nach einer Volksabstimmung als unabhängig. Jedoch erkennen nicht alle EU-Staaten die Unabhängigkeit des Landes an.

Nordmazedonien

Die Griechen haben eine spezielle Position, was den Namen des Landes Mazedonien (auch Makedonien, der Eigenname ist Republika Makedonija) betrifft. Da es eine gleichnamige nordgriechische Provinz gibt, glaubt man in Griechenland, der Name implizierte Gebietsansprüche. Griechenland hat deshalb in der UN und der EU lange durchgesetzt, dass Mazedonien als *Former Yugoslav Republic of Macedonia*, auch als FYROM abgekürzt, bezeichnet wird. Da die Flagge des Landes gelb-rot ist, das Land die Form eines BigMacs hat und sein Name dem der Hamburger-Restaurantkette ähnelt, schlug eine griechische Webseite spaßeshalber vor, es in *Macdonaldia* umzubenennen. Im Laufe des Jahres 2018 konnte man sich endlich auf einen für beide Seiten akzeptablen Namen einigen und am 12. Februar 2019 wurde das Land offiziell in Nordmazedonien umbenannt.

Salade Macedoine bzw. Insalata Macedonia

In Frankreich glauben manche, dass der dortige Gemüse-salat *salade macédoine*, nach Mazedonien benannt ist, da dessen Bevölkerung wie ein Salat gemischt ist. Gleiches gilt für Italien, wo es den Fruchtsalat *insalata macedonia* gibt (ebenso in Spanien). Aus diesen Gründen wird in der internationalen Presse bei Berichten über Mazedonien immer wieder auf den Fruchtsalat angespielt. In Wirklichkeit war jedoch als der Salat kreiert wurde, Mazedonien weder als Land noch als Region Begriff.

☞: Nachdem die Griechen beim NATO-Gipfel im April 2008 in Bukarest einen schnellen Beitritt Mazedoniens verhindert hatten, strichen etliche Restaurants in Skopje griechischen Salat zeitweise von der Speisekarte.

5. Amerika

5.1 Amerika allgemein

Amerigo Vespucchi

Der italienische Kartograph Amerigo Vespucci (1454-1512) war der erste, der aufzeigte, dass die von Kolumbus 1492 entdeckte neue Welt kein Anhängsel Asiens war, sondern ein neuer, bisher unbekannter 4. Kontinent. Zwei seiner Reisen zur Ostküste Südamerikas zeigten zudem, dass der Kontinent weiter nach Süden reichte, als man bisher glaubte. Die Reiseberichte von Vespucci verbreiteten sich schnell in Europa und als 1507 der Freiburger Kartograph Martin Waldseemüller (1470-1522) eine Weltkarte zeichnete, nannte er den Kontinent nach der lateinischen Version des Entdeckernamens (Americus Vespucius) *Amerika*. Später kamen Waldseemüller Bedenken, ob die Namensgebung richtig war, denn Zweifel an der Bedeutung der Leistung Vespuccis wurden geäußert. So nannte er den neuen Kontinent auf einer 1513 gezeichneten Karte dann nur noch *Terra Incognita* (Unbekanntes Land). Doch von der ersten Kartenversion waren bereits 1000 Stück verbreitet und der Name Amerika hatte bereits begonnen, sich durchzusetzen. Dieser passte zudem zu den anderen Kontinentsnamen, die meist mit A beginnen, und im Lateinischen (und Englischen) auch mit a enden.

Richard Amerike

Manche Briten führen den Namen Amerika auf den englischen Händler Richard Amerike zurück (1445-1503). Er war der Eigner des Schiffes Matthew, mit dem der Italiener Giovanni Cabotto (englisch: John Cabot) 1497, und damit als erster Europäer nach den Wikingern, Nordamerika (in Neufundland) erreichte.

The capital of..

Die USA sind das Land der Beinamen. Hier haben alle Bundesstaaten und viele Städte einen offiziellen oder halboffiziellen Beinamen. Dieser dient dazu, die eigenen Merkmale herauszustreichen und sich von der Masse unbekannter Orte abzuheben. Relativ unbedeutende Orte nennen sich so beispielsweise *Rubber Capital of the World* (Akron/Ohio) oder *Artichoke Capital of the World* (Castroville/Kalifornien).

Die Amerikaner wenden *Capital of* auch als Beiname für Länder an. Brasilien gilt beispielsweise als *Cybercrime capital of the World*, Argentinien als *Dance capital of Latin America* und Peru als *Gourmet capital of South America*.

Das Herz von...

Während in den USA kopflastige Bezeichnungen verwendet werden und sich alles ums Kapital zu drehen scheint, sind im spanischsprachigen Lateinamerika poetischere Länderbeinamen üblich, die oft vom Herzen ausgehen. So werden Länder oft als Herz (corazon) oder Nabel von bezeichnet, Bolivien etwa als Herz Südamerikas, Panama gar als Herz des Universums und als Nabel der Welt. Der Uruguayer Eduardo Galeano wurde wiederum 1971 mit dem Werk *Las venas abiertas di Latino America* berühmt, in welchem er beschrieb, wie Lateinamerikas offene Adern den Kontinent ausbluten lassen.

Von *land of* zu *-landia*

Im Englischen beginnen viele Länderbeinamen mit *land of*. Die Lateinamerikaner haben dies in latinisierter Form übernommen, in dem sie einem Begriff die Endung *landia* (Disneyland anklingend) anhängen. Argentinien unter Kirchner wird so beispielsweise zu *Kirchnerlandia*, Bolivien unter Evo Morales zu *Evolandia*.

District of Columbia

Columbia gilt als poetischer Name für Amerika, bzw. die USA. Anfangs gab es sogar Bestrebungen, die Vereinigten Staaten so zu nennen (das spätere Kolumbien war damals noch Teil der spanischen Kolonie Neu-Granada). Doch Columbia setzte sich nicht durch. Nur noch das Anhängsel D.C. (District of Columbia) am Namen der US-Hauptstadt Washington erinnert daran.

Uncle Sam

Auch als nationale Symbolfigur hat sich die weibliche Columbia (im Gegensatz zur Britannia und zur Marianne Frankreichs) nicht durchgesetzt. Zur Nationalfigur wurde vielmehr ein hagerer, weißhaariger Mann mit Ziegenbart, Uncle Sam. Berühmt wurde ein Rekrutierungsplakat aus dem Ersten Weltkrieg, gezeichnet von James Montgomery Flag (1877-1960). Darauf ist ein sehr entschlossener Uncle Sam zu sehen, der mit dem Finger auf den Betrachter zeigt und meint *I want You for U.S. Army*. Uncle Sam, dessen Initialen mit denen der United States übereinstimmen, geht auf die Zeit des britisch-amerikanischen Krieges von 1812 zurück. Namensgeber soll der Fleischkonservenhersteller Samuel Wilson III (1766-1854) gewesen sein. Seit dem 20. Jahrhundert wird Uncle Sam auch als Bezeichnung für die USA verwendet.

Land of opportunity

Die USA gelten auch als *land of opportunity*. Im Deutschen wird noch eines draufgesetzt, hier wird daraus *„Land der unbegrenzten Möglichkeiten"*. Lange glaubten Auswanderer, hier könnte man sich schnell vom Tellerwäscher zum Millionär hocharbeiten - einen Mythos, den auch der US-Autor Horatio Alger (1832-1899) in *from rags to riches*- Geschichten verbreitete.

Die Vereinigten Staaten

In Nordamerika gibt es zwei Länder , die sich Vereinigte Staaten nennen: zum einen sind es die *United States of America* (die USA), zum anderen sind es die *Estados Unidos de Mexico*. Wenn die Mexikaner Estados Unidos (E.U.) sagen, meinen sie aber weder Mexiko noch die EU, sondern die USA.

Gringolandia

Die Mexikaner haben etliche Spitznamen für die USA, zum Beispiel *El Norte* oder *Gringolandia*. Die Gringos sind die US-Amerikaner. Woher dieses Wort kommt, ist nicht ganz geklärt. Vermutungen reichen von den grünen Uniformen der US-Soldaten (green go!), zum grünen US-Dollar, bis zu griego/griechisch, denn was Spanisch-sprachige nicht verstehen, kommt ihnen `griechisch´ vor.

Land of the free

The star spangled banner (das Sternenbanner) ist die Nationalhymne der USA. Francis Scott Key hat 1814 den Text dazu geschrieben. Die letzten zwei Zeilen gehen so:

And the star-spangled banner in triumph shall wave
O'er the land of the free and the home of the brave!

Noch heute wird daraus der US-Beiname *Land of the free* (manchmal ergänzt durch *home of the brave*) abgeleitet.
Im Deutschen umschreibt man den US-Einflussbereich wiederum manchmal mit *unterm Sternenbanner*.

Land of tis of thee

Ein (eher selten) gebrauchter Ausdruck für die USA ist *Land of Tis of Thee*. Dieser leitet sich vom patriotischen

Lied „*My country, Tis of Thee*" ab, welches im 19. Jahrhundert als eine Art Nationalhymne diente. Die erste Strophe lautet:
'*My country, 'tis of thee, sweet land of liberty.*'

Die zusammenhängenden Staaten

Von den 50 US-Bundesstaaten bilden 48 (alle mit Ausnahme Alaskas und Hawaiis) eine zusammenhängende Landmasse. Für diese Staaten gibt es im amerikanischen auch den Ausdruck contiguous (bzw. coterminus) United States, als Akronym auch CONUS. Manchmal sagen die Amerikaner, vor allem die in Alaska lebenden, auch einfach `the lower 48´, obwohl das nicht mitgezählte Hawaii noch tiefer im Süden liegt. Der Ausdruck `lower 49´ schließt diesen Bundesstaat dann mit ein.

Land of the big PX

Für amerikanische Soldaten gibt es in Militärcamps weltweit sogenannt PX-Läden, in welchen sie US-Waren zollfrei einkaufen können. Im Vietnamkrieg (1959-1975) war bei den dort stationierten US-Soldaten *Land of the big PX* der Spitzname für die USA, denn dort gab es riesige Supermärkte, die viel größer waren als jeder PX.

Schmelztiegel und melting pot

Die USA galten einst als *Schmelztiegel der Nationen* (melting pot), was sich jedoch zumeist auf die Bevölkerung europäischer Herkunft bezog. Mit steigender Zuwanderung aus Lateinamerika und Asien sah man eine völlige Verschmelzung der verschiedenen Ethnien nicht mehr als realistisch an und begann schließlich von der Salatschüssel (*salad bowl*) zu reden, in welcher die einzelnen Bestandteile gemischt, aber unterscheidbar sind. Später wurde auch vom *Quilt* oder vom Mosaik geredet.

Kanada - ein Dorf

Kanada ist das zweitgrößte Land der Welt. Doch im Gegensatz zur riesigen Ausdehnung des Landes steht das indianische Wort Canada, von welchem sich der Landesname ableitet, nur für Dorf/Siedlung. Der französische Kanada-Entdecker Jacques Cartier (1491-1557) hatte dieses Wort von den Irokesen aufgeschnappt als er wissen wollte, wie die Region hieß, diese aber glaubten, er fragte nach dem Wort für eine bestimmte Siedlung, auf die er zeigte. Cartier bezeichnete mit Kanada zunächst die Ufer des St. Lorenz-Stroms. Später setzte sich der Begriff für das ganze Land durch.

Quelques arpents du neige

Der französische Schriftsteller und Philosoph Francois-Marie Arouet (1694-1778), unter seinem Pseudonym Voltaire bekannt, wollte nicht den Wert der französischen Überseebesitzungen in Nordamerika erkennen. Kanada nannte er einmal *quelques arpents du neige* (ein paar Morgen Schnee). In der deutschen Übersetzung von Voltaires Candide wird dies sogar zu *ein paar lumpichter Hufen Schnee*. Von Voltaires Bezeichnung wird in Kanada selbstironisch noch heute Gebrauch gemacht, vor allem im französischsprachigen Landesteil.

Grandmother´s land

Die 1819 geborene Victoria war von 1837 bis zu ihrem Tod 1901 Königin des Vereinigten Königreiches und damit auch Oberhaupt von Kanada. Ihre lange Regentschaft wurde später als Viktorianisches Zeitalter bezeichnet, in hohen Jahren hatte Viktoria den Beinamen *Großmutter Europas*, auch wegen der Verwandtschaftsbeziehungen zu anderen Königshäusern. Damals wurde

Kanada in Nordamerika auch als *Grandmother's Land* bezeichnet.

The 49th parallel

Der 49. Breitengrad bildet in der westlichen Landeshälfte die Grenze zwischen den USA und Kanada. Daraus leitet sich in den USA der Ausdruck *North of the 49th parallel* für Kanada ab. *Medicine Line* ist ein anderer Begriff für die Grenze USA-Kanada. Zu US-Prohibitionszeiten. war *medicine* ein Codewort für Alkohol. Dieser war damals in Kanada erhältlich, während in den USA der Handel mit Alkohol von 1919 bis 1932 verboten war.

The Great White North

In Ontario reicht Kanada bis weit südlich des 49. Breitengrades. Toronto liegt mit knapp 44 Grad Nord auf derselben Höhe wie Florenz und Windsor bei Detroit auf derselben Höhe wie Rom. Im südlichen Ontario wird sogar Wein angebaut. Trotzdem dominiert das Klischee von Kanada als kaltem, arktischen Land, was sich im Beinamen *the Great White North* ausdrückt.

The Soviet Canuckistan

Kanada hat in vielen Politikfeldern verglichen mit den USA eine europäischere und linkere Position. Das passt nicht allen US-Amerikanern, vor allem nicht den konservativeren. Der amerikanische Politiker und Fernsehmoderator Pat Buchanan (*1938) nannte Kanada im Oktober 2002 in seiner Fernsehshow abschätzig *Soviet Canuckistan,* was die Kanadier entsprechend verärgerte. Canuck ist seit dem 19. Jahrhundert eine umgangssprachliche Bezeichnung für einen Kanadier. Captain Canuck war zudem in den 70er und 1980er eine kanadische Comicbookreihe.

Mexiko - der Nabel des Mondes

Mexiko ist nach seiner Hauptstadt, der ehemaligen Aztekenkapitale Mexiko-Tenochtitlan, benannt. Der Ursprung der Bezeichnung Mexiko ist nicht ganz klar aber das *xi* im Namen soll auf jeden Fall auf *xictli*, den Nabel, zurückgehen. Das *Me* bezieht sich entweder auf die Agavenpflanze *Metl* oder auf *Metztli*, den Mond. Viele Mexikaner interpretieren deshalb den Landesnamen als *ombligo de la lune*, als *Nabel des Mondes*.

Mexiko - Mexicalpan de las Tunas

Gelegentlich, so einst durch die mexikanische Malerin Frida Kahlo (1907-1954), wird Mexiko von seinen Intellektuellen auch *Mexicalpan de las Tunas* genannt. Selbst Mexikaner wundern sich immer wieder, was es mit diesem Ausdruck wohl auf sich habe. *Alpan* kommt aus der Sprache Nahuatl und heißt einfach `Ort wo´ und *las Tunas* sind die Früchte des Kaktus, der auf der Flagge des Landes zu sehen ist. Auf diesem Kaktus ist wiederum ein Adler gelandet, der eine Schlange im Schnabel trägt. An selbiger Stelle wurde einst Mexiko-Stadt gegründet.

So weit von Gott

Zu Mexiko und den USA ist heute noch ein Zitat von Porfirio Diaz (1830-1915), Präsident Mexikos von 1876-1880 und von 1884 bis 1911 im Umlauf. Diaz versuchte das damals noch sehr rückständige Land zu modernisieren. Während die Landwirtschaft durch ein die Entwicklung hemmendes feudales Hacienda-System geprägt war, hatten amerikanische Unternehmen in Teilen der gewerblichen Wirtschaft das Sagen. Diaz Bemerkung dazu *„Armes Mexiko, so weit von Gott und so nah an den*

Vereinigten Staaten" (*"Pobre Mexico. Tan lejos de Dios y tan cerca de los Estados Unidos"*).

Pais donde no pasa nada

Die Mexikanische Revolution von 1910-1929 hatte das Ziel, den Diktator Porfirio Diaz zu stürzen, was ihr auch bald gelang. Der ursprüngliche Führer der Bewegung, Francisco Madero, wurde Präsident. Doch bereits im Februar 1913 putschte General Huerta gegen Madero und übernahm das Präsidentenamt. Madero wurde noch im selben Monat ermordet. Die Mexikanische Revolution wurde allerdings erst 1929 für beendet erklärt. Im gleichen Jahr übernahm die Partei der Institutionalisierten Revolution (PRI) die Macht. Diese sollte sie bis ins Jahr 2000 behalten und in den Jahren dazwischen stand der Ausgang von Wahlen von vornherein fest. Kleinere Oppositionsparteien hatten lediglich die Funktion demokratischer Feigenblätter. Neben fehlender wirtschaftlicher Dynamik war es auch diese bleierne politische Zeit, die die Mexikaner zur Selbsteinschätzung bewegte *"Pais donde no pasa nada"* (Land, in welchem nichts passiert). Im Jahr 2000 gab es allerdingslange für unmöglich gehaltenen politische Veränderungen: Vincente Fox von der konservativen Oppositionspartei PAN wurde Präsident. Bei den Präsidentschaftswahlen vom Juli 2006 lieferte sich der heutige Präsident Felipe Calderon (PAN) ein Kopf an Kopf-Rennen mit Manuel Lopez Obrador von der PRD. Roberto Madrazo, der Kandidat der einst dominierenden PRI landete abgeschlagen auf dem dritten Platz.

☞: Im Herbst 2007 wurde Madrazo auch noch beim Berlin-Marathon disqualifiziert und auf Lebenszeit gesperrt, weil er eine Abkürzung genommen hatte. Für diesen Läufer gilt in Berlin damit: *no pasa nada*.

El patio trasero - der Hinterhof

James Monroe (1758-1831) war von 1817 bis 1825 der 5. Präsident der USA. In die Zeit seiner Präsidentschaft fielen die Gründung Liberias (dessen Hauptstadt Monrovia nach ihm benannt ist) und die Unabhängigkeitskämpfe vieler lateinamerikanischer Staaten. In einer Rede vor dem amerikanischen Kongress entwarf er im Dezember 1817 die Grundzüge der Außenpolitik der USA. Danach bestanden zwei Sphären, die Alte Welt und die Neue Welt. Die USA sollte sich nicht in Angelegenheiten der Alten Welt einmischen, während die Alte Welt alle Kolonialisierungsansprüche in Amerika aufgeben sollte. Die USA würden ihren Verpflichtungen durch ein Eingreifen nachkommen, sollten die alten Kolonialmächte diese Grundsätze verletzen. Während etwa Spanien seinen Einfluss immer mehr verlor, wurde jedoch bald klar, dass die wirtschaftlich immer mehr erstarkenden USA vor allem das benachbarte Mittelamerika als ihren Hinterhof ansahen. Die Mexikaner haben resignierend diese Sichtweite übernommen und bezeichnen ihr Land auch als *patio trasero de E.U.* (Hinterhof der USA).

Die Grenze zu den USA wird wiederum von Mexikanern als *linea* bezeichnet. Von den USA wird die zunehmend undurchlässige Grenze auch *Tortilla curtain* genannt, (Tortilla-Vorhang) in Anlehnung an den Eisernen Vorhang, der einst Europa teilte.

South of the Rio Grande

Amerikanische Medien bezeichnen Mexiko auch als *South of the Rio Grande*. Die Mexikaner sagen umgekehrt dagegen eher *El Norte* als `nördlich des Rio Grande´, denn einst gehörte auch das nördlich des Flusses gelegene Texas zu Mexiko, der Rio Grande heißt in Mexiko zudem Rio Bravo. Nach der Schlacht von

Jacinto, in welcher die mexikanische Armee von den Texanern (überwiegend englischsprachigen Neusiedlern) geschlagen wurde, wurde Texas unabhängig, 1845 trat es den USA bei. Auch andere heutige Bundesstaaten wie Kalifornien, Arizona und Nevada gehörten einst zu Mexiko (bzw. zur spanischen Kolonie Neu-Spanien).
Nach der legendären ursprünglichen Heimat der Azteken werden die einst zu Mexiko gehörenden Gebiete der USA von Mexikanern auch als *Aztlán* bezeichnet.
☞: Die historische Erfahrung, dass ein größeres Nachbarland sich Territorien einverleibte, mag auch ein Grund dafür gewesen sein, dass Mexiko 1938 als einziges Land offiziell gegen den von Hitler durchgesetzten Anschluss Österreichs an Deutschland protestierte. Noch heute erinnert der Mexikoplatz in Wien an die südlich des Rio Grande gezeigte Solidarität.

Die Vereinigten Staaten und el Defe

Kulturell und ethnisch ist Mexiko Teil Lateinamerikas, beziehungsweise Mittelamerikas. Da es mit den USA eine zusammenhängende Landmasse bildet, wird Mexiko von amerikanischen Geographen jedoch auch als Teil Nordamerikas gesehen. Das Land ist zudem Mitglied der NAFTA (North American Free Trade Association). Wenigen ist bewusst, dass es damit in Nordamerika zwei Vereinigte Staaten gibt, denn Mexiko nennt sich offiziell *Estados Unidos Mexicanos (bzw. de Mexico)*.

Mexiko hat 31 Bundesstaaten, dazu kommt der Bundesdistrikt mit der Hauptstadt. Weil Land und Hauptstadt denselben Namen haben, sagen die Mexikaner, um Verwechslungen zu vermeiden, zu Mexiko-Stadt auch *El Defe* (nach Distrito Federal, D.F.). Die Bewohner der Hauptstadt werden wiederum *Chilangos* genannt, Mexico-City hat deshalb auch den Spitznamen *Chilangolandia*.

Bahamas

Eine Bahamasinsel war das erste Stück amerikanisches Land, welches Christoph Kolumbus im Jahre 1492 betrat. Kolumbus nannte die Insel San Salvador, bei den Eingeborenen hieß sie Guanahahani. Es ist nicht ganz geklärt, ob die heute Bahamas-Insel San Salvador oder eine benachbarte Insel die Landungsstelle von Kolumbus war. Auch die Herkunft des Namens der Bahamas ist nicht ganz geklärt. Viele glauben, dass dieser sich vom Spanischen *baha mar*, der seichten See ableitet.

Honduras und die Tiefen

Am 14. August 1502 betrat Christoph Kolumbus (1451-1506) auf seiner vierten Amerikareise in Honduras erstmals amerikanisches Festland. Das Schiff war einem Sturm entkommen und Kolumbus schrieb *„Gracías a Dios que hemos salido de esas Honduras"*, „mit Gottes Hilfe sind wir dieser tiefen See entkommen". Dies gab dem Land den Namen und an der Küste gibt es noch heute im Gebiet, wo Kolumbus landete, die Provinzen *Gracías o Dios* und *Colon* (Kolumbus).
☞ Da Honduras überwiegend aus Hochland besteht, wird es übrigens auch *Tibet Mittelamerikas* genannt.

Belize

Der englischsprachige mittelamerikanische Staat Belize (er hat nur 300 000 Einwohner) hieß früher *Britisch Honduras*. Deshalb würde man erwarten, dass er an Honduras grenzt. Dem ist aber nicht so, Belize grenzt an Guatemala. Weil das englischsprachige Belize relativ unbekannt ist, jedoch anspruchsvolle Individualreisende, die Naturerlebnisse suchen, anziehen will, hat es sich den Slogan zugelegt *Mother nature's best kept secret.*

Guatemala - das Land des Quetzal

Guatemala wird auch als *Land des Quetzal* bezeichnet. Die Landeswährung heißt Quetzal, die zweitgrößte Stadt Quetzaltenango. Der Quetzal ist ein nur in den Nebelwäldern Mittelamerikas heimischer Vogel mit auffallend langen, grün schimmernden Schwanzfedern. Er ist das Wappentier des Landes und auf der Flagge zu sehen.
Für die Maya war der Quetzal eine Art Gottheit und durfte nicht getötet werden. Allerdings wurden ihm die Schwanzfedern ausgerupft, sie dienten Priestern als Kopfschmuck. Die Bauchpartie des sonst grünen Vogels ist auffallend rot und das kam nach einer Legende so:
Der 1960 zum Nationalheld erklärte letzte Herrscher des Maya-Stammes Kiche Tecun Uman (1500-1524) lieferte sich im Hochland von Guatemala eine Schlacht mit den von Don Pedro de Alvarado geführten Spaniern. Tecun Uman war mit Quetzal-Federn geschmückt und ein Geist in Form eines Quetzal-Vogels begleitete ihn. Er lieferte sich einen Zweikampf mit Alvarado und griff dessen Pferd an, da er dachte Pferd und Reiter seien ein Lebewesen. Dies nutzte Alvarado, ihn mit einem Speer zu durchbohren. In Trauer landete der Vogel auf seiner Brust und sein Gefieder wurde rot vom Blute Umans. Seither haben die Quetzals eine rote Vorderseite und seit dem Spaniersieg ist ihr lieblicher Gesang verstummt.

Das Land des ewigen Frühlings

Guatemala besteht zum großen Teil aus Bergland mit angenehmem Klima. Es wird deshalb auch *Land des ewigen Frühlings* genannt. Manuel Galich, 1951-1954 Außenminister unter dem Reform-Präsidenten Jacobo Arbenz Guzman, nannte Guatemala auch *Land der ewigen Tyrannei*, da nach dem von der CIA unterstützten Sturz Guzmans (er wollte die Bananenplantagen verstaatlichen) Jahrzehnte der Militärdiktatur folgten.

Von Guatemala zu Guatepeor

Im Spanischen bedeutet *mala* ‚schlecht' und *peor* ‚schlimmer'. Deshalb gibt es in Guatemala die Redensart *Salir de Guatemala y meterse en Guatepeor* (‚vom Regen in die Traufe kommen').

Die Hauptstädter vermeiden das *mala* dadurch, dass sie ihre Stadt einfach *Guate* nennen.

El Salvador

Das nach *dem Erlöser* benannte El Salvador ist relativ klein (21 000 km^2), selbst für mittelamerikanische Verhältnisse. Weil es zudem die Form eines Daumens hat, wird es im Spanischen auch als *El Pulgorcito* bezeichnet, als Däumling also.

Der Bürgerkrieg 1980-1991 und eine schwierige wirtschaftliche Situation führten dazu, dass ein Siebtel der Bevölkerung (über 1 Million Salvadorianer) in die USA auswanderten. Heute versucht El Salvador mit dem Slogan ‚*Country with a smile*' sein Image zu verbessern.

Panama - die Nabelschnur

Ursprünglich verfolgten die USA den Plan, durch Nicaragua, dem *Land der Seen und Vulkane*, eine Schiffsverbindung von der Karibik zum Pazifik zu bauen. Doch ein Vulkanausbruch auf Martinique im Jahr 1903 zeigte die Gefahren einer zu großen Nähe zu aktiven Vulkanen auf und führte zu einem Umdenken. Nachdem die Franzosen mit dem Bau eines Kanals durch die Landenge von Panama gescheitert waren, gingen die Amerikaner erfolgreich das Panamakanalprojekt an.

Panama selbst hat seine Existenz amerikanischen Interessen zu verdanken, denn bis 1903 gehörte Panama zu Kolumbien. Die USA unterstützten die Rebellion gegen

Kolumbien und die Loslösung des Landes, behielten jedoch selbst die Kontrolle über den Kanalkorridor.

Seine Süd- und Mittelamerika verbindende Lage und seine Form verhalfen Panama zu den Beinamen *Nabelschnur* sowie *Brücke der Welt*. Der Kanal selbst gilt mittlerweile als *Nadelöhr des Welthandels*, er soll in den nächsten Jahren für größere Schiffsklassen ausgebaut werden. Wegen seiner Lage und seines Kanals sieht sich Panama auch als *Mittelpunkt des Universums*. Die wachsenden Einnahmen aus den Kanalgebühren ermöglichen zudem attraktive Steuersätze, was das Land zu einem Steuerparadies macht, und haben einen Wirtschaftsboom ausgelöst. Die imposante Wolkenkratzer-Skyline der Hauptstadt führte dazu, dass Panama auch als *zukünftiges Hongkong Mittelamerikas* bezeichnet wird.

Panamahüte

In Panama selbst wird wenig hergestellt, das Land ist eher eine Dienstleistungsökonomie mit hohen Einnahmen aus dem Kanal und einem wichtigen Finanzsektor. Man sollte nun meinen, wenigstens die Panamahüte kämen aus dem Land. Doch diese heißen so, weil sie über den Panamakanal verschifft und früher dort auch umgeladen wurden. Produziert werden sie in Ecuador.

Der Pan-American Highway

Panama kommt aus dem Indianischen und bedeutet *Ort, wo es viele Fische gibt'*. Doch zufällig passt der Landesname auch zur panamerikanischen Funktion des Landes als Landbrücke zwischen Süd- und Mittelamerika. Auch der Pan-American Highway von Alaska nach Feuerland verläuft durch Panama. Aber ausgerechnet in Panama gibt es eine Lücke, den Darien Gap, ein schwer zu durchquerendes Dschungelgebiet. Die Einheimischen wehren sich gegen das Wald zerstörende Schließen der Lücke.

Costa Nica

Costa Rica ist eines der wohlhabenderen Länder der Region und wird manchmal auch als *Schweiz Mittelamerikas* bezeichnet. Das Nachbarland Nicaragua, das in den 1980er Jahren unter sozialistischen Experimenten und den Kämpfen zwischen Sandinisten und Contras litt, ist dagegen relativ arm. Kein Wunder, dass viele Nicaraguaner in den letzten Jahrzehnten nach Costa Rica ausgewandert sind. Ihre Zahl wird auf eine halbe Million geschätzt, damit würde jeder achte Einwohner Costa Ricas aus dem Nachbarland stammen. Costa Rica hat deshalb den Spitznamen *Costa Nica* bekommen.

Kuba - die grüne Eidechse

Der kubanische Poet Nicolas Guillen (1902-1989) nannte sein langgestrecktes Heimatland auch *grüne Eidechse*. Manche sehen die Form des Landes eher als Alligator (Spanisch: *el Caiman*), aber die Cayman-Inseln gibt es ja schon.

Von Jamaika zu Saarmaika

Der Begriff *Jamaika-Koalition* für eine schwarz-gelbgrüne Koalition (Farben der Flagge Jamaikas) tauchte zwar bereits 1994 in einem Dormagener Anzeigenblatt auf, doch erst nach der Bundestagswahl im September 2005 war er in aller Munde. Im Oktober 2009 wurde er im Saarland wieder aktuell. Eine entsprechende Koalition bekam den Spitznamen *Saarmaika*.

Hispaniola

Die Dominikanische Republik und Haiti teilen sich die Insel Hispaniola. Ihr Entdecker Christoph Kolumbus nannte sie La Isla Espanola, die spanische Insel, doch die Engländer verballhornten den Namen später zu Hispaniola (Klein-Spanien). Zu Kolonialzeiten hieß der spa-

nische Ostteil Santo Domingo, der französische Westteil
Saint-Domingue. Daraus wurden später die Dominikanische Republik und Haiti.

Dominikanische Republik

Die Dominikanische Republik hat sich seit den 90er
Jahren zu einem beliebten Pauschalreiseziel für europäische Touristen entwickelt. Das hat es allerdings auch mit
sich gebracht, dass das Land bei maulfaulen deutschen
Besuchern einfach zur Dom-Rep abgekürzt wird.
Einen schöneren Namen haben einst die Taino-Indianer
der gesamten Insel gegeben: Quisqueya. Dieser wird immer noch als poetische Bezeichnung der Dominikani-
schen Republik verwendet, teilweise als *Quisqueya linda*.
Quisqueya ist zudem eine Biermarke in diesem Land und
auch eine Orchideenart heißt so. Von seinen Einwohnern
wird das Land dagegen als *Quisqueya la bela* bezeichnet.
☞ Bei den Taino-Indianern, die auch auf Puerto Rico
lebten, hieß diese Insel Borike, was heute manchmal als
Zweitname Puerto Ricos verwendet wird.

Haiti und Tahiti

Manche verwechseln aufgrund der Namensähnlichkeit
das karibische Problemland Haiti mit der idyllischeren,
ebenfalls französischsprachigen pazifischen Insel Tahiti.
Nach dem verheerenden Erdbeben auf Haiti im Januar
2010 rollte eine internationale Hilfsaktion an. Ein
Hilfsbattaillon der rumänischen Armee soll dabei auf
Tahiti gelandet sein und sich gewundert haben, dass von
einem Erdbeben keine Spuren zu sehen waren. Manche
glaubten tatsächlich an den Wahrheitsgehalt dieses von
rumänischen Bloggern in die Welt gesetzten Scherzes.
☞. Weil sich alles auf die Hauptstadt konzentriert wird
das Land scherzhaft auch *Republic of Port-au-Prince*
genannt.

St. Kitts and Nevis

Der kleine Inselstaat St. Kitts und Nevis (50 000 Einwohner) hat wegen seiner Festungsanlagen auch den Beinamen `Gibraltar der Karibik´. Die nach dem spanischen Wort für Schnee benannte Insel Nevis kam zu ihrem Namen, weil ihre Entdecker in den wolkenverhangenen Berggipfeln Schnee zu sehen glaubten. Allerdings täuschten sie sich, denn auf dem mit 985 m höchsten Punkt schneit es nie. Die Hauptinsel St. Kitts ist übrigens nach einer verballhornten Version des Vornamens von Christoph Kolumbus benannt.

Trinidad - Gypsies and Calypsos

Als Kolumbus 1498 zu seiner dritten Reise in die Neue Welt aufbrach begleiteten ihn 4 Zigeuner nach Trinidad. Doch das Landesmotto Trinidads (`Gypsies and Calypsos´) hat wohl eher damit zu tun, dass das Wort Gypsy den in Trinidad um 1900 entstandenen Musikstil Calypso, phonetisch gut ergänzt, worauf auch Calypso-Bands und Sänger in ihrer Namenswahl zugreifen.

Barbados und die Bärtigen

Weil die langen Wurzeln der auf der Insel vorkommenden Feigenbäume dem portugiesischen Entdecker Pedro A. Campos, der auf dem Weg nach Brasilien hier 1536 Station machte, wie Bärte vorkamen, nannte dieser die Insel *Os Barbados*, die Bärtigen.
1625 nahm der britische Kapitän John Powell die noch unbewohnte Insel für Großbritannien in Besitz. Die Briten prägten schließlich die Gesellschaft so sehr, dass Barbados noch heute den Beinamen `Little England´ hat.
Vor der Küste des Landes können übrigens Schwärme fliegender Fische beobachtet werden. Dies können bis zu 10 Sekunden in der Luft bleiben. Barbados wird deshalb auch `Land of the Flying Fish´ genannt.

Mein Land der Palmen

Das bekannteste Gedicht Brasiliens ist das *Lied aus dem Exil*, welches der Poet Antonio Goncalves Dias (1823-1864) während seines Studiums in Coimbra/Portugal voller Heimweh schrieb. Es beginnt mit der Zeile:

Minha terra tem palmeira, onde canta o sabia..

Mein Land hat Palmen, wo die Nachtigall singt.

und endet mit

Möge Gott nicht zulassen, dass ich sterbe, ohne noch mal diese Palmen gesehen zu haben, in denen die Nachtigall singt.

1862 begab er sich auf eine Reise nach Europa. Doch auf der Rückreise im Jahre 1864 ging das Schiff vor der Küste Brasiliens unter, ohne ihm zu erlauben die Nachtigall noch einmal zu hören.

Brasilien - das Land der Zukunft

Nachdem seine Bücher von den Nazis verbrannt wurden, wanderte der österreichische Schriftsteller Stefan Zweig (1881-1942) erst nach London und schließlich nach Brasilien aus. Dort veröffentlichte er 1941 das Buch `Brasilien - ein Land der Zukunft´. Dies wurde später von deutschsprachigen Medien immer wieder als Beiname des Landes gebraucht. Angesichts des manchmal zögernden Entwicklungsprozesses meinten manche Brasilianer schließlich skeptisch: `Wir sind das Land der Zukunft – und werden dies auch immer bleiben´.

Belindia

Im Jahr 1974 schuf der brasilianische Ökonom Edmar Bacha einen Begriff, der die ökonomische Realität des

Landes wiedergeben sollte: *Belindia*. Brasilien als Kombination eines kleinen entwickelten Teils (Belgien) und eines großen unterentwickelten Teils (Indien). Der französisch-brasilianische Soziologe Michael Löwy hat 1994 dafür auch den Begriff *Suissinde* geprägt (wenige Reiche leben wie in der Schweiz, viele Arme wie in Indien).

Brasilien-Bolivien

Ronald Reagan, US-Präsident von 1981-1989, trat hin und wieder in Fettnäpfchen. 1982 reiste er nach Brasilien, stieg aus dem Flugzeug und rief der Menge zu: *"I am happy to be in Bolivia"*.

Peru

In Peru wird noch heute viel Gold und Silber gefördert. Doch im ersten Jahrhundert der spanischen Kolonialzeit (damals gehörte noch Bolivien dazu) stand das Land noch viel mehr als heute für reiche Gold- und Silberförderung. Im Französischen sagt man deshalb noch heute *"Riche comme Perou"* (reich wie Peru).

Peru, dessen Küche von spanischen und indianischen Einflüssen (auch die Kartoffeln stammen aus Peru) und von einem reichen Angebot an Meeresfrüchten profitiert, gilt auch als *Gourmet (culinary) capital of Latin America*. In dieser Küche kommen auch Truthähne vor. Diese heißen wiederum in Brasilien und Portugal *peru*.

Bolivien - der Bettler auf dem silbernen Thron

Das 1546 von den Spaniern als Bergbaustadt gegründete Potosí in Bolivien war einst Hauptort der Silberförderung und im 17. Jahrhundert mit 200 000 Einwohnern größte Stadt Amerikas. Insgesamt 45 000 Tonnen wurden hier bis 1783 gefördert, 7000 Tonnen davon wanderten in die Taschen der spanischen Monarchie. Bolivien selbst ist dagegen trotz seiner Bodenschätze arm geblieben. Es bekam deshalb den Beinamen *Bettler auf einem silbernen Thron*. Aufgrund seiner Lage sieht sich das Land allerdings auch als *Herz Südamerikas* (Corazon de Sudamerica) oder gar Lateinamerikas.

☞ In Bolivien wächst die Kakteenart *Lobivia*. Als man einen Namen für sie suchte, fand man ihn, indem man die ersten drei Buchstaben des Landesnamens in ihrer Reihenfolge vertauschte (und so ein Anagramm kreierte).

Bolivien - the Saudi Arabia of Lithium

Das bettelarme Bolivien verfügt neben Silber und Erdgas über einen Schlüsselrohstoff der Zukunft - Lithium. So wie Öl heute könnte dieser in Zukunft die Grundlage für den Antrieb von Autos darstellen. Lithium-Ionen-Batterien kommen schon heute bei Hybridautos zum Einsatz. Das chemische Element Lithium ist ein stark reaktives Leichtmetall, das natürlich fast nur in Verbindungen vorkommt, oft in Form von Lithiumsalzen (Lithiumchlorid). Während es in Europa keine abbaufähigen Vorkommen gibt, wird Lithium heute vor allem in Chile, Argentinien, den USA und China gefördert. Die wahrscheinlich größten Reserven finden sich jedoch im Salzsee Salar de Uyuni in Bolivien. Das Land wird deshalb bereits *Saudi Arabia of Lithium* genannt.

Argentinien

Der Raum Argentinien/Uruguay/Paraguay hieß zu spanischen Kolonialzeiten La Plata (das Silber) und auch Argentinien ist nach dem Silber benannt. Dabei gibt es dort gar kein Silber. Das Silber kam vielmehr aus Bolivien (mit der Silberbergbaustadt Potosi als einer der im 16. Jahrhundert reichsten und größten Städte Amerikas), bis zum 18. Jahrhundert Teil des Vizekönigreiches Peru. Argentinien kam zu seinem Namen, weil von seinen

Häfen das Silber nach Europa verschifft wurde, womit der gefährliche Weg um Kap Horn vermieden wurde
☞ Als Cristina de Kirchner nach einem Wahlsieg Ende 2007 (bis 2015) die Amtsgeschäfte von ihrem Vorgänger und Ehemann Nestor Kirchner (Präsident 2003-2007) übernahm, kam der Spitzname *Kirchnerlandia* auf.

Venezuela - Klein-Venedig

Venezuela war mit Kolumbien und Ecuador zu Kolonialzeiten Teil des Vizekönigreiches Neu-Granada. Doch auch nach der Unabhängigkeit 1821 blieb das Land nach einer Stadt benannt. Venezuela heißt nämlich Klein-Venedig und den Namen bekam das Land, weil im Maracaibo See (eigentlich eine Meeresbucht) an Venedig erinnernde Pfahlbauten der Indianer zu sehen waren.

Venezuela und die Stierhaut

Der venezuelanische Schriftsteller Mariano Picon Salas (1901-1965) verglich Venezuelas Kartenbild einst mit einer Stierhaut, die in der tropischen Sonne trocknete und schlecht geschnitten wurde (auch das einstige koloniale Mutterland Spanien wurde bereits mit einer Stierhaut verglichen). Dazu muss man allerdings wissen, dass in den offiziellen Karten des Landes ein Teil des Nachbarstaates Guyana zu Venezuela gerechnet wird.

Von Venezuela zu Hugoslavia

Viele Beobachter waren besorgt über das autoritäre Gehabe von Hugo Chavez 1999 bis zu seinem Tod im Jahr 2013 Präsident Venezuelas. Als er immer größere Teile der Wirtschaft verstaatlichte und unabhängige Sender schließen ließ, bekam das Land den Spitznamen *Chavezuela* oder *Hugoslavia*. Chavez pflegte besonders freundliche Beziehungen zum Regime Fidel Castros, dem er mit Öllieferungen hilft. Sein Nachfolger Maduro hielt es ähnlich, was zur Bezeichnung *Cubazuela* führte.

Kolumbien – Tauben, Macondo und Locombia

Kolumbien ist nach Kolumbus benannt. Columbus ist aber auch das lateinische Wort für die Taube, deshalb wurde im *Atlas der wahren Namen* Kolumbien als das *Taubenland* interpretiert. Für Literaturkenner steht mitunter auch Macondo für Kolumbien. Macondo ist ein fiktiver Ort im Roman *Hundert Jahre Einsamkeit (Cien anos de soledad,* 1967 des Literaturnobelpreisträgers Gabriel Garcia Marquez.

Lange galt Kolumbien auch als *Narco-State*. Deshalb wird der Name auch zu *Locombia* (loco= verrückt) verballhornt.

☞: Columbia ist der Name eines wichtigen, 1924 gegründeten amerikanischen Filmstudios, was so ähnlich klingt wie das Land auf English (Colombia), welches den Ruf eines Drogenlandes mit hoher Kokainproduktion hat. Kokain wird wiederum auch von Filmschaffenden konsumiert. Deshalb ließ sich ein Schauspieler angesichts einer Preisverleihung zum Bonmot hinreißen `And the winner is: Col(o/u)mbia. Not the studio, the country´*.

Surinames Name

Das kleinste unabhängige Land Südamerikas, Suriname ist nach dem Suriname-Fluss benannt. Früher schrieb man es im Deutschen und Englischen Surinam (die *Surinam Airways* nutzen noch heute diese Variante). Die heutige Version schreibt sich ähnlich wie das englische Wort *surname* (Nachname), die Wikipedia-Parodie *Uncyclopedia* nennt das Land deshalb spaßeshalber *Surname*. Bis zu seiner Unabhängigkeit im Jahr 1975 hieß das Land *Niederländisch Guayana*. Das ist nicht weniger trickreich, denn das zu Großbritannien gehörende Nachbarland im Westen nannte sich British Guyana während das französische Überseeterritorium im Osten auch Guiane français genannt wird. Guyana, Guayana, Guiana - das alles darf zudem nicht mit dem afrikanischen Guinea verwechselt werden.

Paraguay

Para heißt in der Indianersprache Südamerikas Wasser, aber auch das Meer. Man könnte somit sagen, dass mit Paraguay ausgerechnet eines der beiden Binnenländer Südamerikas nach dem Meer benannt ist. Allerdings sind im Land mit Paraguay und Parana auch zwei große Flüsse nach dem Wasser benannt. Paraguay profitiert zudem wie kaum ein anderes Land vom Wasser. Denn das größte Wasserkraftwerk der Welt, Itaipu, liegt an der Grenze zu Brasilien. 93% des in Paraguay verbrauchten Stroms und 20% der in Brasilien genutzten Elektrizität stammen aus diesem Kraftwerk. Der Export von Itaipu-Strom verhilft Paraguay, das wenig Bodenschätze und kaum Industrie aufweist, zu erheblichen Einnahmen.
Paraguay gilt durch seine zentrale Lage (wie Bolivien) auch als *Herz Südamerikas,* aber gleichzeitig liegt dieses Herz isoliert und Paraguay wird deshalb auch als *Insel, die von Land umgeben ist,* bezeichnet.

Uruguay und die Landwirtschaft

Uruguay galt einst als die *Schweiz Südamerikas*. Während sich die Schweiz jedoch zu einem Industrieland weiterentwickelte, blieb Uruguay agrarisch geprägt und seine Wirtschaft litt unter schwankenden und langfristig relativ sinkenden Weltmarktpreisen. Nach dem 2. Weltkrieg begann das Land deshalb wirtschaftlich zurück zu fallen und durchlief Jahrzehnte der Stagnation. Weil die lokale Ökonomie noch heute sehr von der Landwirtschaft geprägt ist, wurde bereits der Spitzname Vacalandia

(Kuhland) gebraucht. In den letzten Jahrzehnten versucht das Land mit niedrigen Steuern für Ausländer (die sich besonders im Seebad Punta del Este einkaufen) als Finanzzentrum Profil zu gewinnen und dadurch der Schweiz wieder ähnlicher zu werden.

Chile - Handtuch, Schuhbändel und Dolch

Im September 1973 kam es in Chile zu einem von den USA unterstützen Militärputsch, bei welchem der 1970 gewählte Präsident Salvador Allende (1908-1973) ums Leben kam. Eine Militärregierung unter General Augusto Pinochet (1915-2006) übernahm die Macht. Die USA, die ihre wirtschaftlichen Interessen durch die Verstaatlichungspolitik des Marxisten Allendes bedroht sahen, ließen den Putsch durch die CIA einfädeln. Als in den USA diskutiert wurde, wie die Intervention strategisch zu rechtfertigen sei, witzelte der damalige Außenminister Henry Kissinger Chile sei eben ein `Dolch, der auf das Herz der Antarktis gerichtet´ sei (*a dagger pointed to the heart of Antarctica*). Trotz Kissingers unrühmlicher Rolle wurde er 1973 mit dem Friedensnobelpreis bedacht.
Heute wird Chile wegen seiner langgestreckten Form (es erstreckt sich über fast 40 Breitengrade, hat eine Länge von 4300 km und eine Durchschnittsbreite von nur 180 km) von Englischsprachigen als *shoestring (Schuhbändel)* beschrieben, die Deutschen sagen auch *schmales Handtuch*. Der Nobelpreisträger Pablo Neruda nannte Chile `*mein dünnes Land*´.
☞ Im Spanischen heißt die Chilischote übrigens chile, was aber nicht mit dem Land zusammenhängt (in Chile sagt man jedoch aji).

6. Afrika

6.1 Afrika allgemein

Der Ursprung Afrikas

Mit Afrika bezeichneten die Römer einst ihre nordafrikanischen Gebiete (außer Ägypten), vor allem das heutige Tunesien. Die Griechen sagten zu diesen Gebieten und damit zum Kontinent wiederum *Libyen*. Auch wurde ursprünglich Ägypten nicht zu Afrika gerechnet, sondern zu Asien. Erst der Geograph Ptolemäus (85-165) änderte dies. Der Ursprung des Wortes Afrika ist nicht völlig geklärt. Nach Wikipedia könnte sein Ursprung das phönizische Wort für Staub *Afar* sein, aber auch das griechische Wort für unkalt (*aphrike*) und das lateinische *aprica* (sonnig) kommen in Frage. Nach anderen Quellen leitet sich der Name des Kontinents vom altägyptischen Wort *Afru-ika* ab, welches Mutterland bedeutet. Die allgemein am stärksten verbreitete Erklärung hat jedoch der französische Tunesienexperte Charles Tissot (1828-1884) geliefert. Nach ihm leitet sich der Name des Kontinents vom bei Karthago lebenden Berberstamm *Aourigha* ab (Afarika ausgesprochen).

Die Form Afrikas

Der auf Martinique in der Karibik geborene Antikolonialismus-Essayist Frantz Fanon (1925-1961) meinte einst „Afrika ist eine Pistole und der Kongo ist der Abzug". Noch deutlicher wird die Pistolenform, wenn man den Kontinent gegen den Uhrzeigersinn um 90 Grad nach Norden dreht. Südafrika ist dann der Lauf der Pistole, der Kongo der Abzug und das Horn von Afrika der Hahn.

Ägypten und die Chemie

In der Antike hieß Ägypten Kemet, nach dem altägyptischen Wort für den schwarzen Nilschlamm. Daraus leitete sich später auch das arabische Wort Alchemie ab. Die Praxis der Alchemie entstand bereits im 1. Jahrhundert nach Christus, die im Nildelta gelegene Stadt Alexandria war ihr Zentrum. Im Mittelalter fand die Alchemie über die Araber auch Einzug in Europa. Daraus leitete sich später wiederum der Begriff Chemie ab.

Ägypten und die Gypsies

Ägypten (Egypt, Egypte etc.) ist keine arabische Bezeichnung, die Ägypter nennen ihr Land selbst *Misr*. Nach den Ägyptern (Egyptians) sind im Englischen die Zigeuner (Gypsies) bezeichnet, da man fälschlicherweise davon ausging, dass sie von dorther kämen. Auch in Frankreich und Spanien leitet sich das dortige Wort für Zigeuner (Gitanes, Gitanos) aus dem Wort für Ägypter ab (offiziell sagt man allerdings Roma). In Ägypten gibt es übrigens eine beträchtliche Zahl von Roma, darunter viele Zabbaläer, die Müllsammler Kairos.

Misr und die Misere

Misr ist der arabische Name für Ägypten und einst gab es auch eine Fluggesellschaft namens Misrair. 1946 wurde der Name in *Misair* abgeändert, um die Aussprache zu erleichtern. Doch dadurch hörte sich dies im Französischen wie Misère (Misere) an. 1960 schloss sich Misair mit Syrian Airlines zur United Arab Airlines zusammen und der peinliche Name fiel weg. Die Allianz hielt nicht lange, seit 1971 heißt die Fluggesellschaft EGYPTAIR, denn auf Misair wollte man nicht zurückgreifen.

Libyen

Während mit Afrika ursprünglich nur Nordwestafrika bezeichnet wurde, stand Libyen bei den Griechen für den ganzen Kontinent. Das heutige Libyen wurde bis Anfang des 20. Jahrhunderts als Tripolitanien (nach Tripolis, was 3 Städte bedeutet) bezeichnet. Im Jahr 1934 gaben die italienischen Kolonialherren ihren nordafrikanischen Besitzungen schließlich den Namen Libyen. Heute ist Libyen das Land mit der offiziell längsten Bezeichnung.
☞: der Landesname wird immer wieder falsch geschrieben, da er meist wie Lybien ausgesprochen wird.

Die Maghreb-Länder

Maghreb bedeutet im Arabischen `der Westen´ und leitete sich vom Verb untergehen ab, denn im Westen geht ja die Sonne unter. Der Maschrek (von Ägypten bis zum Irak) ist dagegen der Osten Arabiens. Ein arabisches Sprichwort sagt laut Wikipedia: *`der Maghreb ist ein heiliger Vogel. Algerien ist sein Leib, sein rechter Flügel Tunesien, sein linker Marokko´*.
Die drei Maghrebländer Marokko, Algerien und Tunesien waren lange Teilgebiete anderer Mächte, wie Frankreich oder dem Osmanischen Reich. Zudem hatten sie nach Süden nur unscharf umrissene Grenzen. Der Name aller drei leitet sich von einer Stadt ab. Tunesien ist nach Tunis benannt, Algerien nach Algier, Marokko nach Marrakesch. Nur im Falle Marokkos, das vor der französischen Kolonisierung Fez und Marokko hieß, ist die heutige Hauptstadt nicht die namensgebende Stadt.
☞: Im Türkischen heißt Marokko übrigens Fas (nach der Stadt Fez).

Algerien und die Inseln

Algerien ist nach der Hauptstadt Algier benannt. Überraschenderweise bedeutet der Name der Stadt, `die

Inseln' (Arabisch *al Jazair)*. Einst lagen vier kleine Inseln vor Algier, doch später wurden sie mit dem Festland und dem Stadtgebiet verbunden.

☞: auch der Name des arabischen Nachrichtensenders Al-Dschasira (Al Jazeera), der in Katar, also auf einer Halbinsel sitzt, bedeutet die Insel.

Mauretanien und die Mauren

Lange glaubte man, der Ländername Mauretanien leitete sich vom lateinischen Wort maurus (Mohr) ab. Heute geht man aber davon aus, dass sich die Bezeichnung vom Berberstamm der Mauri ableitet. Dieses kommt vermutlich vom phönizischen mahurium, Mann des Westens. Obwohl die arabischstämmige Bevölkerung in Mauretanien bereits deutlich dunkler ist als in Marokko, wird der Norden des Landes als *Ard as Bidan*, Land der Weißen bezeichnet, während für den von schwarzafrikanischen Gruppen besiedelten Süden die Bezeichnung *Ard as Sudan*, Land der Schwarzen, verwendet wird. Mit Mauren wird im Land die kulturell arabisierte Bevölkerung bezeichnet, unabhängig von ihrer Hautfarbe. Lange gab es im Land eine Art Sklaverei, wobei die schwarzen Mauren den weißen als Sklaven dienten. Diese soll noch heute nicht ganz überwunden sein.

Der Sudan - das Land der Schwarzen

Während in der Antike Ägypten nach dem schwarzen Nilschlamm benannt war, ist der Sudan nach der dunklen Hautfarbe seiner Bewohner benannt. Im Arabischen bedeutet Bilad as-Sudan nämlich das *Land der Schwarzen*. Die Sudanesen sind denn auch deutlich dunkler als die Araber nördlich des Landes, im Süden des Sudans leben zudem schwarzafrikanische Stämme. Zunehmende Ölförderung macht heute Sudan zum Land des schwarzen Goldes (so hieß auch ein Comicbook von Hergé).

Burkina Faso und die Unbestechlichen

Bis 1984 hieß Burkina Faso Obervolta (Haute-Volta). Doch dann setzte der junge Präsident Thomas Sankara (1949-1987), der mit seiner Revolutionsattitüde als Che Guevara Afrikas galt, den Namen Burkina Faso durch, was *Land der Integren* (oder der Unbestechlichen) bedeutet, eine Herausforderung im von Korruption geplagten Afrika.

Elfenbeinküste

Die Elfenbeinküste heißt im Englischen eigentlich Ivory Coast. Doch das langjährige ivorische Staatsoberhaupt Houphouet Boigny (1905-1993, Präsident 1960-93) setzte durch, dass offiziell auch in englischsprachigen Ländern die französische Bezeichnung *Côte d´ Ivoire* verwendet werden muss. Lange war die Elfenbeinküste ein wirtschaftlicher Hoffnungsträger und hatte den Beinamen *Elefant Westafrikas*. Doch mittlerweile ist das Land nach einem Bürgerkrieg auf den Durchschnitt der afrikanischen Realität zurückgefallen.

Benin - Quartier Latin Afrikas

Das 1960 als Dahomey unabhängig gewordene Land hatte zum Ende der Kolonialzeit durch sein bewegtes politisches Leben den Beinamen *Quartier Latin d´Afrique* (Quartier Latin Afrikas, das Quartier Latin ist ein ebenfalls politisch bewegter Universitätsstadtteil von Paris) erhalten. Nach einem Militärcoup und der Einführung des Marxismus-Leninismus als Staatsideologie wurde Dahomey 1975 in Volksrepublik Benin umbenannt und zeitweise *Kuba Afrikas* tituliert.
Und schließlich gilt Benin auch als *Wiege des Voodoo*.

Mali - Land of Gold and Glory

Ein Buch der Amerikanerinnen Joy Masoff und Barbara Brown aus dem Jahr 2004 nennt Mali *Land of Gold and Glory*.

Mali ist nach Südafrika und Ghana der drittwichtigste Goldförderer Afrikas. Außerdem ist Mali der wichtigste Baumwollproduzent Afrikas und Baumwolle gilt auch als weißes Gold.

Das *Glory* im Titel hat allerdings nichts mit der heutigen Situation eines der ärmsten Länder der Welt zu tun. Als glorreich galt dagegen das von 1230 bis etwa 1600 bestehende Mali-Reich, das sich vom heutigen Mali bis in den Senegal erstreckte. Die Macht und der Wohlstand des Reiches stützten sich auf drei große Goldminen, aus denen damals fast die Hälfte des Goldes der Alten Welt gefördert wurde. Mali verfügte zudem über Salz, das damals fast genauso wertvoll war wie Gold. Gefördertes Gold musste dem Herrscherhof abgeliefert werden, alles Salz und Gold was über die Grenzen befördert wurde, wurde besteuert. So waren auch genug Mittel für eine schlagkräftige Armee vorhanden. Bedeutendster Regent des Mali-Reiches war Mansa Musa, der von 1312-1337 herrschte und 1325, das Mali-Reich war islamisch, nach Mekka pilgerte. Nach dem Untergang des Malireiches um 1600 (das Aufkommen von Feuerwaffen war einer der Gründe dafür) gelang es in Westafrika nicht wieder, ein so lange bestehendes autochthones Reich zu schaffen.

Mali und das Museum

Mali wurde von Dixe Wills als einziges Land bezeichnet, dessen Name ein Anagramm des Namens der Hauptstadt eines anderen Landes (Lima) ist. In der peruanischen Hauptstadt gibt es wiederum seit 1961 ein Museum namens MALI (Museo de Arte de Lima).

Togo or not to go

Der General Gnassingbé Eyadéma (1937-2005) war von 1967 bis zu seinem Tod im Jahr 2005 Präsident von Togo und damit (nach Gaddafi) lange Zeit dienstältester Staatschef Afrikas. Etliche afrikanische, aber nur wenige internationale Staatschefs wohnten der Beerdigung am 13 März 2005 bei. Britische Zeitungen fragten angesichts der Wahlmanipulationen und Unterdrückung der Opposition unter Eyadéma, ob eine Teilnahme opportun sei. Dabei benutzte eine Zeitschrift die Überschrift `Togo or not to go´. Togo hat übrigens aus besseren Zeiten zwei Beinamen `Perle Westafrikas´ und `Schweiz Afrikas´.

Sierra Leone - die Löwenküste

Um 1440 erreichten die Portugiesen Sierra Leona. Der portugiesische Entdecker Pedro da Cintra nannte 1462 den Küstenstreifen *Serra Lyoa* (Löwenberge), obwohl an der Küste wohl keine Löwen zu sehen waren. Aus der spanischen Variante entstand der heutige Landesname.

Sierra Leone - Province of freedom

Seit dem 16. Jahrhundert geriet das Gebiet unter den Einfluss der Engländer. Diese zogen bald einen Sklavenhandel auf. Ende des 18. Jahrhunderts kamen jedoch Bestrebungen auf, die Sklaverei abzuschatten. 1786 gründete der Engländer Granville Sharp eine Gesellschaft zur Abschaffung der Sklaverei. Als sie nach einem Landstrich in Afrika suchten, wo die befreiten Sklaven angesiedelt werden konnten, wurde die Wahl durch die Beschreibungen des englischen Insektenforschers Henry Smeathman beeinflusst, der die Küste Sierra Leones als überaus angenehmen Landstrich geschildert hatte. Für die Ansiedlung in Frage kamen vor allem auf den britischen Inseln lebende befreite Sklaven. Denn 1772 war in einem

Prozess dem Sklaven James Somerset bestätigt worden, dass die Sklaverei in England (nicht jedoch in den Kolonien) auf keiner gesetzlichen Grundlage beruhte. Etwa 5000 Sklaven mussten deshalb in England freigelassen werden. 1786 waren 600 von ihnen damit einverstanden, nach Sierra Leone überzusiedeln. Ein Jahr später erreichten schließlich 380 freie englische Schwarze das afrikanische Land. Die meisten von ihnen verstanden jedoch nichts von tropischer Landwirtschaft. Tropenkrankheiten und Konflikte mit örtlichen Herrschern forderten ihre Opfer und bereits 1789 zogen die letzten Siedler ab. 1791 bis 1808 wurde ein zweiter Versuch mit Schwarzen, die im Amerikanischen Unabhängigkeitskrieg auf der Seite der Briten gekämpft hatten und die im kalten Nova Scotia angesiedelt worden waren, gestartet. Etwa 2000 schwarze Nova Scotians traten die Reise an und gründeten die spätere Hauptstadt Sierra Leones, Freetown. Später kamen noch Maroons, von den Briten aus Jamaika nach Afrika verbrachte Aufständische dazu.

Sierra Leone und das Athen Westafrikas

Im 19. Jahrhundert sollte sich in Sierra Leone aus diesen Neusiedlern, den Kreolen, eine Art afrikanische Bildungsgesellschaft entwickeln. 1827 wurde in Freetown das Fourah Bay College gegründet, die erste Universität Westafrikas. Freetown bekam den Beinamen „Athen Afrikas". Diesen Beinamen reklamiert das Tourismusbüro heute sogar für das ganze Land. Ende des 19. Jahrhunderts hatten in den Verwaltungsapparaten Westafrikas Kreolen aus Sierra Leone führende Positionen inne. Heute ist von der einstigen Bildungsgesellschaft wenig übrig, die Analphabetenquote liegt noch über dem hohen afrikanischen Durchschnitt. Von 1991 bis 2002 verwüstete ein Bürgerkrieg das überdies diamantenreiche Land.

Guinea pig - das internationale Meerschweinchen

Das Meerschweinchen kommt eigentlich aus Südamerika (also übers Meer), trotzdem heißt es im Englischen guinea pig (guinea pig steht im Englischen übrigens auch für Versuchskaninchen), die Gründe dafür sind unklar. Eine Erklärung ist, dass mit Guinea im Englischen einst Exotisches belegt wurde, eine andere, dass es eine korrumpierte Version des Regionsnamens Guyana darstellt. Im Französischen heißt das Tier jedoch cochon d´Inde (indisches Schwein), im Niederländischen auch Spaanse rat (spanische Ratte).

Guinea-Bissau - die neue Drogendrehscheibe

Das portugiesischsprachige Guinea-Bissau grenzt im Süden an das englischsprachige Guinea und im Norden an den französischsprachigen Senegal. Wegen ausgeprägtem Sklavenhandel wurde der Küstenabschnitt auch als *Sklavenküste* bezeichnet. Heute besteht die Gefahr, dass sich Guinea-Bissau zu einer Drogendrehscheibe entwickelt. Denn vor der zerklüfteten Küste des Landes liegt ein unübersichtliches Inselarchipel. Dieses wird zunehmend von kolumbianischen Drogenhändlern, die hier mit Schiffen und Schnellbooten aus Lateinamerika ankommen, als Umschlagsplatz genutzt, von wo die Drogen auf europäische Märkte verteilt werden. Neben den Inseln tragen die Südamerika zugewandte Lage und die portugiesische Sprache zum `Standortvorteil´ bei.

❖ Senegal- ce n´est Gaul

Senegal ist eines der erfolgreichsten westafrikanischen Länder. Einst französische Kolonie, hat es sich doch auch seine eigene islamisch-afrikanische Kultur bewahrt. Das kommt auch im Spruch zum *Ausdruck Senegal- ce n´est Gaul* (das ist nicht Frankreich).

❖ Nigeria- the scam capital

Mit etwa 200 Millionen Einwohner gilt Nigeria als Riese (manchmal auch als Elephant) Westafrikas und des ganzen Kontinents. In Westeuropa nervten Internetnutzer lange Zeit betrügerische Angebote, die meist per E-mail aus Nigeria kamen (`Nigeria scam´), Stories im Schema, da hatte jemand Millionen geerbt und wollte sie auch ein sicheres europäisches Bankkonto überweisen, bei groß- zügiger Gewinnbeteiligung. Vorher wären aber noch Gebühren fällig etc).

Dies verhalf dem Land zum *Beinamen Scam capital of the world*. Mittlerweile verteilen sich solche Scams geographisch stärker und neuerdings holt Ghana als Usprungsland von Internet-Scams auf.

Nollywood

Während die indische Filmindustrie, die um Bombay konzentriert ist, auch Bollywood genannt wird, hat die nigerianische Filmindustrie, deren Produkte in ganz Afri- ka gesehen werden, den Spitznamen *Nollywood*.

❖ Gambia

Gambia muss korrekterweise eigentlich THE Gambia geschrieben werden. Als eines von nur zwei Ländern (das andere ist The Bahamas) gehört der Artikel offiziell zum Staatsnamen. Gambia, eine schmale englischsprachige Enklave am Gambiafluss, umgeben vom französischsprachigen Senegal, nennt sich auch *The smiling coast of West Africa*. Wieder ist der Artikel dabei und zwar lächelt die Küste, das schmale Land verfügt aber nur über einen kurzen Küstenabschnitt.

Kamerun – Afrika im Kleinen

Als *Afrika im Kleinen* (*Afrique en miniature*) wird Kamerun bezeichnet. Es ist zweisprachig (Englisch/ Französisch) und hat durch seine große Nord-Süd-Ausdehnung Teil an verschiedenen Landschafts- und Klimazonen. Wegen seiner Form wird Kamerun auch als in die Länge gezogenes Dreieck, wegen seiner Lage auch als *Achselhöhle Afrikas* (*armpit of Africa*) bezeichnet. Ein anderer Beiname im Englischen ist *hinge of Africa*, Dreh- und Angelpunkt Afrikas also. Kamerun ist übrigens nach dem portugiesischen Wort für Garnele benannt.

Äquatorialguinea – the Kuwait of Africa

Kuwait galt lange als Inbegriff eines kleinen Landes mit viel Öl. Als die Ölproduktion im flächenmäßig kleinen afrikanischen Äquatorialguinea anlief, bekam das Land bald den Spitznamen *Kuwait of Africa*. Trotz seines Namens liegt es übrigens nicht direkt am Äquator.

Zweimal Kongo

Da es früher einen belgischen und einen französischen Kongo gab, behalf man sich mit den Zusätzen Leopoldville (für Belgisch-Kongo) und Brazzaville (für Französisch-Kongo). Von 1971-1997 war die Verwechslungsgefahr geringer, denn der Diktator Mobutu hatte das Land nach dem Wort Nzere für Fluss (der Kongo-Fluss hat eine große Bedeutung für die Identität des Landes) *Zaire* genannt. Nach dem Sturz Mobutus 1997 änderte man den Namen in *Demokratische Republik Kongo*. Nun war die Verwechslungsgefahr wieder größer geworden, denn das Nachbarland hieß mittlerweile Republik Kongo. Mittlerweile werden die beiden Kongos wieder mit Hilfe ihrer

Hauptstädte unterschieden. Weil Leopoldville heute Kinshasa heißt, wird der Hauptstadtzusatz allerdings häufiger für die Republik Kongo (Kongo-Brazzaville) angewandt.

Kongo - Brazzaville

Die Hauptstadt der Republik Kongo ist nach dem französischen Afrikareisenden Pierre Savorgnan de Brazza (1852-1905) benannt. Brazza entstammte einem italienischen Adelsgeschlecht, das seinen Namen von der heute zu Kroatien gehörenden Insel Brazza (kroatisch Brac) ableitete. Und so gibt es überraschenderweise Bezüge zwischen dem Namen eines afrikanischen Landes und Kroatien.
☞: Im Buch *New World Order* meint D. Wills, die Form des Landes ähnele einem platt gefahrenen Iguanodon.

Der Tschad - das tote Herz Afrikas

Wegen des trockenen Wüstenklimas in großen Landesteilen wird der Tschad auch als `dead heart of Africa´ (totes Herz Afrikas) bezeichnet. Der Süden des Landes ist feuchter, doch auch der Tschadsee, nach dem das Land benannt ist, trocknet immer mehr aus. Auch wirtschaftlich ist im Tschad wenig los. Erdölfunde haben eine Belebung gebracht, doch Bürgerkriege führten zu einer neuen Lähmung des Landes. Nach der Entfernung der kommunistischen Symbole fand sich Rumänien übrigens Anfang der 90er mit der selben Flagge wie der Tschad.

Zentralafrikanische Republik

Im Herzen Afrikas liegt auch die nach ihrer Lage benannte Zentralafrikanische Republik (im Englischen CAR abgekürzt). Von 1976 bis 1979 nannte sich das Land sogar *Zentralafrikanisches Reich*, denn Präsident Bokassa hatte sich 1976 zum Kaiser krönen lassen. Doch 1979 wurde er gestürzt und das Land wieder Republik.

Südafrika - the Rainbow Nation

1990 endete in Südafrika das Apartheid genannte System der Rassentrennung. Desmund Tutu, der Erzbischof der anglikanischen Kirche in Südafrika und Friedensnobelpreisträger von 1984, prägte wenige Jahre später den Begriff *Rainbow Nation* (Regenbogennation) für das multiethnische Land.

Simbabwe

Simbabwe hieß früher nach dem britischen Kolonialisten Cecil Rhodes (1853-1902) Südrhodesien (Sambia war Nordrhodesien), nach der 1965 erreichten Unabhängigkeit Republik Rhodesien. 1979 schließlich hieß das Land Simbabwe Rhodesien (Zimbabwe Rhodesia) und seit 1980 Simbabwe (Englisch: Zimbabwe). Zimbabwe bedeutet wiederum Steinhaus. Für Schwarzafrika ungewöhnlich, gibt es im Land steinerne Ruinen einer ehemaligen Stadt, Great Zimbabwe, genannt.
Heute liegt das Land nach 28 Jahren zunehmend autoritärer Mugabeherrschaft ökonomisch am Boden. Englischsprachige Medien bezeichnen die Wandlung mit den Worten `from African breadbasket to basket case´ (von einer `Kornkammer´ zu einem wirtschaftlich hoffnungslosen Fall).

Madagaskar und das Ende der Welt

Der Ländername Madagaskar ist aus dem (Proto-) Malaiischen abgeleitet und bedeutet Ende der Welt. Die malayischen Vorfahren kamen aus Südostasien und aus dieser Perspektive war Madagaskar am Ende der bekannten Welt. Heute weist das Land eine malayisch-negritische Mischbevölkerung auf.

Madagaskar, achter Kontinent und Rote Insel

Madagaskar, die viertgrößte Insel der Welt, beheimatet 5 % aller Tier- und Pflanzenarten der Welt, 80% von ihnen (das sind beispielsweise 9000 Pflanzenarten) sind endemisch, kommen also nur auf Madagaskar vor. Deshalb hat die Insel auch den Beinamen *achter Kontinent*. Doch die Artenvielfalt ist gefährdet. Denn der größte Teil des Regenwaldes der Insel ist bereits der Brandrodung zum Opfer gefallen. Dies hat zu einer starken Erosion geführt und an vielen Stellen die rote, eisenhaltige Erde zum Vorschein treten lassen, was dem Land zum Beinamen *Rote Insel* verholfen hat.

Mauritius und das koloniale Erbe

Mauritius ist nach dem holländischen Prinzen Maurits von Nassau benannt (1567-1625). Ende der 1990 Jahre gab die Regierung das Ziel aus, das Land, an welchem das Glasfaserseekabel Asien-Europa vorbeiführt, zu einer *Cyber Island* zu machen. Mauritius sieht sich zudem als ökonomische Drehscheibe und als Schlüsselstein im Indischen Ozean (Motto: *Stella clavisque maris indici*).

Die Schweiz Afrikas

Im Süden Afrikas reklamieren gleich mehrere Länder den Titel `Schweiz Afrikas´ für sich. Zum einen ist es Lesotho, eines der wenigen afrikanischen Länder, in welchen man Ski fahren und einen Skilift benutzen kann. Lesotho ist übrigens das Land mit dem höchsten niedrigsten Punkt (dieser liegt 1400 m über dem Meer).
Auch das etwas tiefer gelegene hügelige Swasiland trägt wegen seiner ansprechenden Landschaft den Beinamen `Schweiz Afrikas´. Und schließlich wird manchmal das relativ flache Botswana mit diesem Beinamen belegt. Dies weniger wegen der Landschaft, sondern wegen

seines durch Diamantenreichtum ermöglichten Wohlstandes und seiner gut funktionierenden Administration.

Ruanda - das Land der tausend Hügel

Seine Topographie verhalf Ruanda zum Beinamen *Land der tausend Hügel* (pays des milles collines), aber das Land wird gelegentlich auch *Schweiz Afrikas* genannt.

Die falschen Zwillinge

Ruanda und Burundi gelten auch als `falsche Zwillinge´ (faux jumeaux). Denn oberflächlich haben sie vieles gemein, doch bei näherer Betrachtung sind sie doch verschieden. Beide Länder waren erst deutsche und nach dem Ersten Weltkrieg belgische Kolonien und sind deshalb heute französischsprachig. Beide Länder sind klein und hügelig und liegen am Ostrand des Kongo. In beiden Ländern gibt es drei ethnische Gruppen, die Tutsis, Viehbesitzer, die Hutus, Bauern, und die Twa, ein Pygmäenvolk. Tutsis bildeten lange die Elite in beiden Ländern, während die Hutus die Mehrheit der Bevölkerung stellten. In Burundi kam es 1972 zu einem Genozid gegen die Hutus, 1993 wurden nach der Ermordung des Hutu-Präsidenten wiederum viele Tutsis getötet, in Ruanda waren die Tutsis 1994 Opfer eines Genozides. Heute sind in beiden Ländern Tutsi-Präsidenten an der Macht. Wirtschaftlich scheint sich Ruanda schneller zu entwickeln. Kagame gab das Ziel aus, Ruanda binnen 20 Jahren zu einer wissensbasierten Wirtschaft zu machen.

Uganda - die Perle Afrikas

Bei einem Aufenthalt in Afrika im Jahr 1898 war Winston Churchill (1874-1965) so von der landschaftlichen Schönheit Ugandas beeindruckt, dass er das Land `Pearl of Africa´ (Perle Afrikas) nannte. Das Hochland von Kisoro wird sogar als *Schweiz Afrikas* bezeichnet.

7. Asien

<u>7.1 Ostasien</u>

China und das Porzellan

Im Englischen hat das Wort China zwei Bedeutungen: es steht für das Land und das Porzellan, welches einst im 6. Jahrhundert in China erfunden und von dort auch nach Europa exportiert wurde. Die Chinesen profitierten dabei von der Tatsache, dass in den dortigen Böden Rohkaolin in der richtigen Mischung vorhanden war, während die Europäer, genauer gesagt Ehrenfried Walther von Tschirnhaus und Friedrich Böttger, die Anfang des 18. Jahrhunderts ebenfalls ein Verfahren zur Porzellanherstellung entwickelten, diese Mischung erst finden mussten. Der deutsche Ausdruck `Elefant im Porzellanladen´ hat im Englischen übrigens das Pendant *Bull* (oder *elephant) in the china shop*. Der Landesname China ist zudem ein eher europäisches Produkt und leitet sich vermutlich von der Qin-Dynastie ab.

Das Reich der Mitte

China war mehrere tausend Jahre, bis ins 19. Jahrhundert hinein, nicht nur das bevölkerungsreichste Land, sondern auch jenes mit der höchsten Wirtschaftsleistung (letzteres wird es in den nächsten 10 Jahren wieder werden). Von einem Meer im Osten, von Wüsten und Gebirgen im Westen von den Nachbarn isoliert, war China dabei meist wenig nach außen orientiert und sich selbst genug. Kein Wunder, dass sich das Land selbst Zhong guo nennt, das Reich (oder Land) der Mitte (im Englischen Middle Kingdom) und dass auf chinesischen Weltkarten China im Mittelpunkt zu finden ist. Zhong guo wird mit Hilfe zweier chinesischer Schriftzeichen geschrieben, das

Zeichen für Mitte gleicht einem Pfeil, der auf ein Quadrat trifft (was Mitte ausdrücken soll).

The bicycle kingdom

Noch Anfang der neunziger Jahre wurden ein Drittel aller Fahrten in China mit dem Fahrrad zurückgelegt, eine halbe Milliarde Fahrräder waren auf den Straßen unterwegs. In Städten wie Peking und Shanghai gab es breite Fahrradstraßen mit unzähligen Radfahrern. Dies verhalf dem Land damals im Englischen zum Beinamen *bicycle kingdom* (Reich des Fahrrades). Durch den rasch wachsenden motorisierten Verkehr ist der Radverkehrsanteil mittlerweile auf etwa ein Fünftel gesunken und die Motorisierung Chinas weckt Befürchtungen um Weltklima und Ölpreis.

Die Fabrik der Welt

Mit der Liberalisierung der Wirtschaft durch Deng Xiapoing (1904-1997) Ende der siebziger Jahre wurde in China ein beispielloser Wirtschaftsaufschwung ausgelöst, der in den letzten 30 Jahren zu einem kumulierten Wachstum von 1000 % geführt hat. China wurde bis zur Jahrtausendwende zum weltweit führenden Produzenten von Textilien, Schuhen, Stahl, Spielzeugen und vielen anderen Produkten, zur *Fabrik der Welt*. Im Jahr 2007 war China, in Kaufkraftparitäten gemessen, das Land mit der höchsten Wertschöpfung im Industriesektor und *Made in China* die weltweit am weitesten verbreitete Herkunftsbezeichnung.

Das Maul des Drachen

Am schnellsten setzte der chinesische Wirtschaftsboom im Perlflussdelta zwischen Kanton (Guangzhou) und Hongkong ein. Während China als Drachen gesehen wird, gilt das Perlflussdelta (Englisch: Pearl River Delta oder PRD) als Maul des Drachen. Hongkong wurde vom SPIEGEL bereits als *Gräte im Maul des Drachens* bezeichnet. Hongkong selbst ist seit Jahrzehnten Synonym für eine kapitalistische Boomstadt. Heute hat Hongkong mit über 7700 Hochhäusern mehr Wolkenkratzer als jede andere Stadt der Welt, New York eingeschlossen. Dubai und Panama City werden gelegentlich mit Hongkong verglichen. Das einst verschlafene, ebenfalls im Perlflussdelta gelegene Spielerparadies Macao, gilt nach Milliardeninvestitionen mittlerweile als *Las Vegas of the East*. Ab den neunziger Jahren wurde das Yangste River Delta (YRD), die Region um Shanghai, zum zweiten Boomraum Chinas. Da der Yangtse durch seinen gewundenen Verlauf auch als Drache gilt, wird Shanghai auch als *Kopf des Drachens* bezeichnet.

Cathay

Zu Marco Polos Zeiten hieß das nördliche China auch Cathay (Südchina dagegen Manji). Diese Bezeichnung taucht auch im Namen der größten Fluggesellschaft Hongkongs *Cathay Pacific Airways* auf, obwohl Hongkong eher zu Südchina gehört.

Formosa - Taiwan

Die Volksrepublik China (People's Republic of China, PRC) wird auch als Mainland China bezeichnet, denn mittlerweile gehören die beiden Inselvolkswirtschaften Macao und Hongkong wieder zu China. China sieht zudem Taiwan (Republik China) als unverzichtbaren Teil seines Territoriums. Die Republik China, die von 1912 bis 1949 ganz China umfasste, seit dem Entstehen der Volksrepublik jedoch auf die Insel Taiwan beschränkt ist, sah sich wiederum als legitimer Nachfolgestaat des chinesischen Kaiserreiches. Mittlerweile versucht die

Republik China ihre Identität als unabhängiges Land unter der Bezeichnung Taiwan (dem Namen der Insel) zu stärken. Taiwan ist jedoch von vielen Ländern, die auf gute Wirtschaftsbeziehungen zur Volksrepublik Wert legen, nicht anerkannt (Ausnahmen sind kleinere Länder, die dafür von Taiwan mit großzügiger Wirtschaftshilfe belohnt werden). Von internationalen Organisationen wird es aus Rücksicht aufs Festland oft als *Taipei-China* bezeichnet.

Einen angenehmen Namen hatten der Insel einst die Portugiesen gegeben, sie nannten sie Ilha Formosa, die schöne Insel. Formosa war in Europa lange gebräuchlich.

Mongolei - das Land der sieben Winde

Nach dem Ende des chinesischen Kaiserreiches im Jahr 1911 erklärte sich die Mongolei, die Jahrhunderte zu China gehört hatte, mit russischer Unterstützung für unabhängig. Doch zogen die letzten chinesischen Soldaten erst 1921 ab, 1924 wurde die Mongolei als zweites Land nach Russland kommunistisch und zur Volksrepublik ausgerufen. Die in ganz China 1912-1949 und ab 1949 nur noch auf der Insel Taiwan bestehende Republik China erkannte die Mongolei jedoch nie als Staat an. So ist diese auf Taiwans Karten immer noch als Teil Chinas dargestellt (nicht jedoch auf Karten der Volksrepublik, die wiederum Taiwan als Teil des chinesischen Territoriums sehen).

Die Mongolei besteht überwiegend aus einem winterkalten Hochplateau mit trockenem kontinentalem Klima und sehr harten Wintern. Wegen der Niederschlagsarmut wird die Mongolei auch als *Land des blauen Himmels* bezeichnet, wegen der aus verschiedenen Richtungen blasenden Winde auch als *Land der sieben Winde.*

Korea - das Land der dreitausend Li

In der Nationalhymne des Landes wird Korea auch als dreitausend Li-Land bezeichnet. Das entspricht der Gesamtausdehnung des Landes von den weißen Bergen an der Grenze Chinas zum Südzipfel der Halbinsel am Japanischen Meer, das in Korea übrigens Ostmeer heißt. Korea umfasst nicht nur 3000 Li, es hat auch 3000 Inseln. Li ist eine chinesische Längeneinheit und entspricht heute etwa einem halben Kilometer, ein gongli ist ein Kilometer. Die Chinesische Mauer heißt in China übrigens zehntausend Li-Mauer (zehntausend steht in China für eine besonders große Zahl).

Das Land der Morgenstille

Von 1392 bis zur Annektion des Landes durch Japan im Jahre 1910, und damit mehr als 500 Jahre, wurde Korea von der Joseon-Dynastie regiert. Auch der Staat, der das heutige Korea umfasste, hieß Joseon. Die chinesischen Zeichen für diesen Namen wurden im Englischen wiederum häufig als Morgen und Stille übersetzt (morning calm). Der indische Poet Rabindranath Tagore (1861-1941) kreierte daraus in einem Gedicht den Beinamen, *„Land der Morgenstille"*.

Das Einsiedlerreich (Hermit kingdom)

Nach kriegerischen Auseinandersetzungen mit Japan und Invasionen von chinesischer Seite begann Korea im 17. Jahrhundert eine Politik der Abgrenzung von seinen Nachbarn und der Selbstisolation. Das Land verschloss sich zunehmend und so kam es im Englischen zum Spitznamen *Hermit kingdom, Einsiedlerreich*.
Heute setzt Nordkorea diese Tradition fort, weshalb dieser Staat im Englischen heute ebenfalls als *Hermit kingdom* bezeichnet wird. Die Amerikaner hatten Nord-

korea in den 1980ern zudem auf die Liste der *rogue states*, der Schurkenstaaten, gesetzt.

Südkorea und das Wunder am Han-Fluss

Nach dem Zweiten Weltkrieg wurde Korea in einen sowjetisch besetzten Norden und einen amerikanisch besetzten Süden geteilt. Der Süden nahm den Staatsnamen Daehan Minguk an, was übersetzt Große Han Republik bedeutet. Han kann im Koreanischen wiederum Führer, aber auch groß bedeuten, eine große große Republik also.

Nach dem Korea-Krieg 1950-1953 war Südkoreas Industrie zerstört und das Land eines der ärmsten Asiens. Doch ab den sechziger Jahren begann ein wirtschaftlicher Aufschwung und die Boomphase von den frühen 1960ern bis in die späten 1990er wird auch nach dem Fluss, der durch Seoul fließt, als *Miracle on the Han River* (Wunder am Han-Fluss bezeichnet). Nach dem Jahr 2000 kam es zu einem zweiten *Miracle on the Han*. Der zur Kloake verkommene kanalisierte und zugebaute Fluss wurde renaturiert, Kläranlagen gebaut und seine Ufer begrünt. Mittlerweile schwimmen wieder Fische im Fluss.

Nach dem Jahre 2000 verbreitete sich die Breitbandtechnologie rasch im Lande. Im Jahre 2004 hatte Südkorea, Heimat wichtiger Elektronikfirmen wie Samsung und LG, sogar die höchste Breitbanddichte weltweit und kam so zum Beinamen *Bandwidth capital of the world*.

Japan - Nippon

Die Japaner nennen ihr Land offiziell Nippon, umgangssprachlich dagegen Nihon (Japan sagen sie dagegen nicht). Beide Worte bedeuten `*Ursprung der Sonne*´. Japan liegt denn auch ganz im Osten Asiens und hier geht, vom Festland aus gesehen, die Sonne zuerst auf. So kam Japan im Westen zum Beinamen *Land der aufgehenden Sonne*. Marco Polo berichtete, dass die Chinesen das Land *Cipangu* nannten. In Südostasien wurde dieses chinesische Wort zu Jepang abgewandelt und als die portugiesischen Entdecker diese Region erreichten, nahmen sie dieses Wort auf und brachten es nach Europa. Daraus wurde später im Englischen und Deutschen Japan.

☞: Im Jahre 1966 wurden an einer Brücke im neuseeländischen Auckland von japanischen Ingenieuren zwei Fahrspuren angehängt. Bald wurde diese Konstruktion von den Neuseeländern *Nippon Clippon* bezeichnet.

Das Land der acht Inseln

Ein alter Name für Japan ist *Oyashima*, `Land der acht Inseln´. Interessanterweise gehört Hokkaido, die im Norden gelegene zweitgrößte Insel des Archipels, nicht zu diesen acht Inseln. Denn in Hokkaido lebten ursprünglich die Ainu, die Japaner hatten lange nur im Süden der Insel einen Brückenkopf und besiedelten die ganze Insel erst im 19. Jahrhundert. Ein Grund dafür war, dass man der Expansion Russlands in Ostasien Einhalt gebieten wollte. Und für die Entwicklung der Landwirtschaft auf Hokkaido nahmen die Japaner, die mit den rauen klimatischen Gegebenheiten nicht vertraut waren, sogar amerikanische Hilfe in Anspruch. Der Amerikaner William S. Clark gründete 1876 in Sapporo ein Landwirtschaftskolleg.

Das Land der untergehenden Sonne

In den späten achtziger Jahren hatte sich in Japan eine durch überteuerte Grundstückspreise und überhöhte Aktienkurse gekennzeichnete ökonomische Blase gebildet. Mit dem Platzen der Blase folgte in den 1990ern ein Jahrzehnt der wirtschaftlichen Stagnation. Japan wurde damals auch als *Land der* (wirtschaftlich) *untergehenden Sonne* gesehen. Erst ab 2003 folgte eine Erholungsphase.

Japan und die Fluggänse

Das Bild der in Formation fliegenden Gänse steht in der chinesischen und japanischen Literatur für Heldentum und Handlungen im Kollektiv. Japanische Wissenschaftler nutzen bereits in den 1930er Jahren dieses Bild, um die wirtschaftliche Entwicklung der ostasiatischen Länder zu beschreiben. In den 1960ern stellte der Japaner Kaname Akamatsu dann im *Journal of Developing Economies* das Fluggänsemodell einem internationalen Leserkreis vor. Einerseits bezog er es auf die verschiedenen Etappen innerhalb der Entwicklung einer Ökonomie (von Importen, Produktion für den Binnenmarkt, zu Exporten), andererseits auf die Entwicklung der Länder Ostasiens.

Demnach war Japan die vorne fliegende Gans, gefolgt von sich industrialisierenden Ländern, die später *4 kleine Tiger* genannt werden sollten: Singapur, Hongkong, Taiwan und Südkorea. Hinter dieser Gruppe folgen die vier ASEAN-Länder Malaysia, Indonesien, die Philippinen und Thailand, die später auch als die *vier Panther* bezeichnet wurden, dahinter die am wenigsten entwickelten Länder der Region, Vietnam und China. Es fällt auf, dass China mittlerweile weiter vorne liegt. Neuere Fluggänselisten sehen China vor Vietnam und enthalten auch Länder wie Kambodscha. Das Fluggänsemodell kann auch auf einzelne Produktionszweige angewandt werden. So fliegen die Gänse immer in Richtung neuer Technologien, die hohe Löhne ermöglichen, während alte Sektoren nach hinten in Richtung weniger entwickelter Länder wandern. Das gilt zum Beispiel für die Textilindustrie, die sich aufgrund von wirtschaftlicher Konkurrenz durch Niedriglohnländer, zuerst von Japan in die vier kleinen Tiger, dann in die Pantherländer und schließlich nach China verlagerte, von wo sie teilweise heute in noch billigere Länder abwandert.

Thailand

Thailand war im Gegensatz zu anderen südostasiatischen Ländern nie Kolonie. Deshalb gab sich das Land, das früher als Siam bekannt war, in den 1930er Jahren den Namen Thailand, was *Land der Freien* bedeutet.
☞ Thailand wurde übrigens (mit Birma) früher auch als `Land des Weißen Elefanten´ bezeichnet.

Birma, Burma, Myanmar

Birma selbst hat mehrere Namen. Es wird im Deutschen auch, wie im Englischen, Burma geschrieben. Seit 1989 ist zudem die offizielle vom Militärregime eingeführte Bezeichnung Myanmar, die jedoch mit dem Wort Birma verwandt ist. Da dieser Landesname nicht besonders bekannt ist und aus Protest gegen das Regime wird meist Birma (auch Burma) in Klammern gesetzt.

Das Land, wo man den Reis wachsen hört

1887 gründeten die Franzosen die Kolonie *Französisch Indochina*, die zunächst das heutige Vietnam und Kambodscha, ab 1893 auch Laos umfasste. Die Franzosen konzentrierten sich in ihren Bemühungen auf Vietnam, sämtliche Pläne für die wirtschaftliche Entwicklung von Laos blieben unverwirklicht. Dies wird durch ein Sprichwort erklärt, das vermutlich von den Franzosen selbst stammt. Demnach pflanzen die Vietnamesen den Reis, die Kambodschaner sehen ihm beim Wachsen zu, während die Laoten zuhören, wie der Reis wächst. In französischen Reiseführern hat Laos deshalb auch den Beinamen `Land, wo man dem Reis beim Wachsen zuhört´.
☞: Laos hieß früher auch *Land der eine Million Elefanten*. Heute sind davon allerdings nur noch wenige tausend übrig.

Temasek

Ursprünglich hieß Singapur, Temasek, Stadt am Meer. Eine Legende besagt, dass im 14. Jahrhundert ein hinduistischer Prinz aus Sumatra dorthin floh. Im Dschungel sah der Prinz einen Löwen. Löwe und Prinz schauten sich in die Augen, der Prinz senkte das Schwert und der Löwe zog sich zurück. Daraufhin nannte der Prinz den Ort Löwenstadt - Singapura (singha bedeutet im Sanskrit Löwe, pura Stadt).
☞: *Temasek* ist heute der Name einer staatlichen Holdinggesellschaft Singapurs.

Singapur – the fine city

Singapur gilt auch als *Schweiz Südostasiens*. Auch die makellose Sauberkeit der Stadt trägt zu diesem Ruf bei und diese wird durch etliche Ermahnungen und hohe Strafen durchgesetzt. Kaugummis waren in Singapur lange Zeit verboten, diese einfach auf den Boden zu spucken, ist es immer noch. Wegen der vielen Verbote wird Singapur auch *Fine city* genannt (fine heißt im Englischen sowohl gut als auch Strafe). Der amerikanische Science Fiction Autor William Gibson (*1948) betitelte einen 1993 veröffentlichten Aufsatz zu Singapur mit `*Disneyland with the Death Penalty'*.

Der Dreh- und Angelpunkt

Singapur gilt mit seinem internationalen Flughafen und seinem großen Containerhafen, von welchem aus Güter in kleinere Häfen der Region verteilt werden, als Dreh- und Angelpunkt (bzw. Drehscheibe, englisch: Hub) Südostasiens. Im Jahr 2000 überholte Singapur nach der Zahl der umgeschlagenen Tonnen sogar den bisher weltgrößten Hafen Rotterdam. Doch die Freude währte nicht lange, mittlerweile steht Shanghai an erster Stelle weltweit. Auch Malaysia möchte ein Stück von diesem Logistikkuchen abschneiden und hat bei Kuala Lumpur einen Großflughafen gebaut, der auf über 100 Millionen Passagiere angelegt ist. Auch der malaysische Hafen Port Kelang (in Südostasien schon an zweiter Stelle) wird laufend ausgebaut. In Westasien möchte Dubai Dreh- und Angelpunkt werden und unterstreicht dies mit einem Containerhafen und dem geplanten World Central Airport. Als Finanzdrehscheibe (financial hub) gilt in Asien wiederum Hongkong, gefolgt von Tokio und Singapur.

The Boston of the East

Singapur hat das Ziel, zu einem `Boston des Ostens´ (*Boston of the East*) zu werden. Die US-Ostküstenstadt Boston gilt mit ihren Hochschulen Harvard und dem Massachusetts Institute of Technology (MIT) als Zentrum der Wissenschaft. Immerhin hat Singapur bereits 2 Universitäten in der Shanghai Liste der 100 besten Universitäten der Welt (die *National University of Singapore* liegt auf Platz 85, in der Times Higher Education (THE) Liste rangiert sie sogar unter den Top 25 weltweit). Was die Qualität seiner Schulen betrifft, liegt Singapur bereits heute an der Spitze. Kein Land schnitt in der IEA Studie TIMSS 2015, die die mathematischen und naturwissenschaftlichen Kenntnisse von Schülern testet, besser ab. Das wird auch dem Projekt *Singapore, the Biopolis of Asia* nützen, das 2003 lanciert wurde.

☞: Singapur (Singapore) wird wegen seines Wohlstandes von manchen zu *Singarich* verballhornt.

Malaysia – truly Asia

Malaysia wirbt wegen der phonetischen Nähe zum Wort Asia mit dem Spruch *Malaysia, truly Asia*.

Dabei ist Malaysia ein Kunstname, der als Landesname erst 1963 angenommen wurde, als sich die Föderation von Malaya mit Singapur, Nordborneo und Sarawak vereinte. Manche interpretieren den Namen Malaysia als Kombination von Malaya und Singapur. Doch Singapur spaltete sich 1965 von dem neu entstandenen Staat ab. Auch die Philippinen hatten zeitweise erwogen, sich Malaysia zu nennen, da ihre Inseln ebenfalls zum Malaiischen Archipel gehörten. Malaysia selbst spielte vor der Staatsgründung auch mit der Idee, das Land Langkasuka zu nennen, nach einem einst auf der malaysischen Halbinsel gelegenen Königreich.

Die Malaise

Obwohl Malaysia ein multiethnischer Staat ist, in welchem die muslimischen Malaien nur gut die Hälfte der Bevölkerung ausmachen (ein Viertel sind Chinesen, meist Buddhisten, ein Zehntel indischstämmige Hindus), ist der Islam Staatsreligion und Malaysia entwickelt sich von einem Land liberaler Islamauslegung zur orthodoxen Variante. Deshalb sahen Beobachter bei der nicht-islamischen Bevölkerung eine aufkommende *Malaysia-Malaise*.

Indonesien

Um 1850 schuf der Engländer George Samuel Windsor Earl den Begriff Indu-nesians für die Bevölkerung des Inselarchipels am Äquator. Der Schotte James Richard Logan entwickelte daraus den Landesnamen Indonesia. Bekannt gemacht wurde dieser dann durch das fünfbändige, 1884-1894 entstandene Werk *Indonesien oder die Inseln des malayischen Archipel* des berühmten deutschen Ethnologen Adolf Bastian (1826-1905). In den Niederlanden, Kolonialmacht des Landes, wurde Indonesien lange auch als Niederländisch Ostindien oder als malayischer Archipel bezeichnet. Indoensien als Landesnamesetzte sich erst in den 1920er Jahren durch.

❖ Das grüne Land am Äquator

Der niederländische Schriftsteller Mulatuli (Eduard D. Dekker, 1820-1887) nannte Indonesien auch Zamrud Khatulistiwa *Smaragd am Äquator*. Ernest François Eugène Douwes Dekker (1879-1950), Großneffe des Schriftstellers und indonesisch-niederländischer Politiker und Aktivist schlug *Nusantara*, das indonesische Wort für Archipel, als Landesbezeichnung vor.

Land der Kulis

Achmed Sukarno, von 1949-1967 Indonesiens erster Präsident, bezeichnete das Land, als es noch die Kolonie Niederländisch Ostindien war, als eine *Nation von Kulis und ein Kuli unter den Nationen* (a nation of coolies and a coolie among nations).

❖ BRIICS

Ende 2008 fragte Newsweek anerkennend, ob Indonesien bereits das *Neue Indien* (ein emporstrebendes Land) sei. Weil Indonesien mit über 265 Millionen Menschen zu den 4 größten Ländern gehört, wird BRICS (Brasilien, Russland, Indien, China) manchmal zu BRIICS erweitert.

Ost-Timor und der Osten

Der Inselname Timor leitet sich vom malaiischen Timur ab, was Osten bedeutet, wo die Insel von Java aus betrachtet auch liegt. Im Jahre 2002 erreichte der Osten der Insel, der bis 1974 portugiesische Kolonie war und 1975 von Indonesien besetzt wurde, seine Unabhängigkeit unter dem Namen Timor-Leste (Ost-Timor, was eigentlich Ost-Osten heißt). In Indonesien heißt das Land heute offiziell Timor Timur, die Indonesier sagen oft einfach nur Tim-Tim.

❖ Brunei- the Shellfare State

Seiner Ölproduktion, zurzeit 6 Millionen Tonnen pro Jahr, bei relativ kleiner Bevölkerungszahl von 0.4 Millionen Einwohnern, verdankt das Sultanat Brunei seinen Reichtum. Das Öl wird durch die Firma Brunei Shell Petroleum gefördert, an der der Staat zu 50% beteiligt ist. Brunei wird deshalb auch als *Shellfare State* (einen Welfare State von Shell′s Gnaden) genannt.

Die Philippinen

Die Philippinen sind nach dem 1527 geborenen spanischen König Philipp II. benannt, der von 1556 bis 1598 sein Land regierte. Wegen ihrer Geographie werden die Philippinen auch *Land der tausend Inseln* genannt.
Die Vielfalt der Meeresfauna im Archipel ist sehr groß.
Im Jahr 2006 verliehen Wissenschaftler den Philippinen deshalb den Titel 'World's Center of Marine Biodiversity.'
Da Erdbeben, Vulkanausbrüche, Überflutungen und Stürme häufig sind, nannte das Rote Kreuz die Philippinen auch *'living laboratory of natural disasters'*.
Die Philippinen gehören zu den vier *Pantherländern* (mit Indonesien, Malaysia, Thailand), die den *vier kleinen Tigern* in der Entwicklung folgen. Die politische und wirtschaftliche Entwicklung der Philippinen ist jedoch teilweise instabiler als in den Nachbarländern, das Wachstum niedriger. Viele Philippinos arbeiten deshalb im Ausland (die meisten Seemänner auf internationalen Schiffen und viele Krankenschwestern in den USA und Haushälterinnen in Hongkong kommen von den Philippinen). Mit Mobiltelefonen bleiben sie in Kontakt mit der Heimat. Die Philippinen gelten auch als *SMS (bzw. texting) Capital of the world*, kaum sonst wo verschickt die Bevölkerung so viele SMS-Botschaften.

Indien

Der Name des Landes und vor allem der seiner Bewohner gibt im Englischen Anlass zu Verwechslungen, denn Indianer als auch die Inder heißen im Englischen Indians, was auf Kolumbus und seine Annahme zurückgeht, mit der Karibik (heute auch als Westindien bezeichnet) den Seeweg nach Indien entdeckt zu haben,. Manchmal wird deshalb mit den Zusätzen Red und East differenziert. Die Eigenbezeichnung des Landes ist (in Hindi) jedoch nicht India, sondern Bharat, denn seit der Teilung des Subkontinents fließt der Namen gebende Fluss nicht mehr durch Indien, sondern durch Pakistan.
Dies hielt den indischen Politiker Jairam Ramesh jedoch nicht davon ab, 2005 in einem Buch den Begriff *Chindia,* für den Wirtschaftsraum China-Indien zu nutzen.

Die größte Demokratie der Welt

Ein Beiname Indiens ist *'größte Demokratie der Welt'* (most populous democracy in the world). Indien ist, anders als China, das bevölkerungsreichste Land der Welt, seit seiner Unabhängigkeit 1947 Demokratie (und seit 1950 Republik). In den drei Jahrzehnten nach der Unabhängigkeit hatte die Partei Indian National Congress (INC) ununterbrochen die Macht inne. 1977, als die Bevölkerung über den von Indira Ghandi ausgerufenen Ausnahmezustand unzufrieden war, gewann erstmals eine andere Partei (die Janata Party) die Wahl. Seither kam es öfters zu Koalitionsregierungen, aber die INC ist noch immer die größte Partei.
Bis 2030 wird Indien, früher auch als *schlafender Elephant* bezeichnet, mit über 1.4 Milliarden Einwohnern (heute 1.3 Milliarden) China (2030: 1.4 Milliarden) als bevölkerungsreichstes Land der Welt abgelöst haben.

Pakistan

Der Name Pakistan wurde 1933 durch Choudhary Ramat Ali, Student an der Universität Cambridge kreiert. Der Landesname ist ein Akronym, die Buchstaben stehen für Punjab, Afghania, Kaschmir und Sindh und werden mit der Endung von Belutschistan verbunden. Das I hatte nur die Funktion, die Aussprache zu erleichtern. Später stellte Ali die Bedeutung folgendermaßen um: **P**unjab, **A**fghania, **K**aschmir, **I**ran, **S**indh, **T**urkharistan, **A**fghanistan, Balochista**N**. Nun waren sogar 2 Nachbarländer im Akronym enthalten.

☞: Der bayerische Musiker Fredl Fesl dichtete einst: *Da sprach der Prinz von Pakistan: „ Jetzt wird's mir z'blöd, jetzt pack i's dann. "*

Sri Lanka

Sri Lanka hatte bereits viele Namen. Zu Zeiten Alexander des Großen nannten die Griechen die Insel *Taprobane*. Die Perser und Araber sagten dagegen *Serendip* (Insel der Heilung), wovon sich das englische Wort *serendipity* ableitet, welches für eine zufällige glückliche Entdeckung steht. Weitere Bezeichnungen für die Insel sind *Heladiva*, im Arabischen auch *Tenerism* (Insel der Genüsse), im Chinesischen *Pa Outchow* (Insel der Edelsteine).
Als die Portugiesen die Insel 1505 errichteten, nannten sie sie *Ceilão*, was im Englischen und Deutschen zu Ceylon wurde. 1972 wurde das Land offiziell in *Sri Lanka* umbenannt, nach dem Sanskrit Wort Lamka, glänzendes Land (Sri ist eine Vorsilbe, die die Hochachtung ausdrückt). Wegen der Form des Landes wird Sri Lanka auch als `Träne im Indischen Ozean´ bezeichnet.
Früher hatte das Land auch den Beinamen *Insel des Lehrens*, da viele Chinesen dorthin gereist sein sollen, um mehr über den Buddhismus zu erfahren (im Ort Kandy wird ein Zahn Buddhas als Reliquie aufbewahrt).

Bhutan - das Land des Donnerdrachens

Bhutan ist nach den Tibetern benannt, die im 10. Jahrhundert in dieses Gebiet eingewandert sind. Denn die hießen damals Bothia, was sich von Bod ableitet, denn so hieß Tibet im Altertum.
Von den Einheimischen wird Bhutan dagegen *Druk Yul* genannt, das `Land des Donnerdrachens´. Ein Donnerdrachen ist auch auf der Flagge des Landes zu sehen. Mit dem Donnerdrachen sind die heftigen Gewitter gemeint, die vom Himalaya kommend über dieses Land ziehen.

Bhutan - das letzte Shangri-La

Der englische Schriftsteller James Hilton (1900-1954) beschrieb in seinem 1933 erschienenen Roman *The Lost Horizon* Shangri-La, einen sagenumwobenen Ort im Himalaya. *Shangri-La* wurde seither zu einem Synonym für eine abgeschiedene heile Welt irgendwo in den Bergen Asiens. China versucht heute seine Provinz Yunnan als Shangri-La zu vermarkten. Der Westen sieht dagegen eher Bhutan als Shangri-la, denn es hat sich seine traditionelle buddhistische Kultur bewahrt und lässt Modernisierung nur in homöopathischen Dosen zu. Gebäude werden in traditionellem Baustil errichtet, Wirtschaftswachstum ist hier kein Politikziel. Deshalb hat Bhutan auch den Beinamen *The Last Shangri-La*.

Die Heimat der Götter

Die nepalesischen Himalaya-Berge werden auch *Heimat der Götter* (home of gods) genannt, manchmal wird auch Nepal selbst so genannt. Der Himalaya gilt auch als *Dach der Welt* und als Nepal im Frühjahr 2008 die Monarchie abschaffte, schrieben manche Zeitungen *'Neue Republik auf dem Dach der Welt'*.
☞: Nepal ist übrigens ein Anagramm von *Alpen*.

Oman, Oh man

Manche der kurzen Ländernamen der Region laden Englischsprachige zu Wortspielen ein. Beispiele sind

Kuwait and wait, I ran, Oman Oh man.

Was Jordanien betrifft (Jordan) wird in englischsprachigen Medien öfters über die Möglichkeit eines versehentlichen Besuches des Landes durch den US-Basketballspieler Michael Jordan (*1963) oder das englische Kurven-Starlett Jordan gewitzelt.

Jordanien - between Iraq and a hard place

Wenn man in einer schwierigen Lage ist, sagt man im Englischen auch *between a rock and a hard place* (zwischen einem Felsen und etwas Hartem). Die strategische Lage Jordaniens, eingeklemmt zwischen dem Irak auf der einen, Palästina und Israel auf der anderen Seite, hat dazu geführt, dass in den letzten Jahren zu den zahlreichen palästinensischen Flüchtlingen eine erhebliche Zahl von Irakflüchtlingen hinzugekommen ist. In englischsprachigen Medien wird deshalb Jordanien auch mit dem Wortspiel belegt es läge, `between Iraq and a hard place´.

Jordanien als Binnenland

Jordanien war im 1995 ins Leben gerufenen Barcelona-Prozess der Zusammenarbeit zwischen EU und Mittelmeerländern dabei und ist auch Mitglied der 2008 geschaffenen Mittelmeer-Union. Dabei liegt das Land gar nicht am Mittelmeer. Bis in die sechziger Jahre war das nach dem Jordan-Fluss benannte Land sogar ein reines Binnenland. Doch 1965 trat Jordanien ein größeres Wüstenstück an Saudi-Arabien ab, um dafür einen Zipfel Rotmeerküste bei Akaba zu bekommen.

Israel - Startup Nation

Ein Buch von Dan Senor und Saul Singer bezeichnete im Jahr 2009 Israel als Start-Up Nation. Dieses Buch wurde so erfolgreich, dass der Beiname haften blieb.
☞: Der israelische Schriftsteller Ephraim Kishon (1924-2005) meinte in den 70er Jahren, es gäbe einen praktischen Grund, warum Israel die besetzten Gebiete nicht zurückgeben könnte. Israel wäre sonst so schmal, dass in Atlanten nur Platz für *Isr* wäre. Das Westjordanland wäre also notwendig, um *ael* hinzufügen zu können.
Der Landesname Israel leitet sich vom Patriarchen Jakob in der Bibel ab, der später Israel genannt wurde.

Die Palästinenser

Vom Komiker Otto Waalkes gab es in den siebziger Jahren folgenden Sketch .. *und er kam an eine Apotheke, da wohnt ein Apotheker, dann kam er an einen Palast, da wohnt ein Palästinenser....*

Iran

Der Iran wurde früher Persien genannt. Doch die Perser stellen im multiethnischen Land nur die Hälfte der Bevölkerung. Deshalb empfahl der Schah 1935 das Land, angeblich dem Vorschlag eines deutschen Gesandten folgend, auch auf internationaler Ebene Iran (ein Ausdruck der innerhalb Persiens bereits verwendet wurde), zu nennen, was aus westlicher (deutscher) Sicht als Land der Arier interpretiert werden konnte.
☞: Als nach der iranischen Revolution des Jahres 1979 viele gut ausgebildete Iraner in den Westen flüchteten, reagierten manche mit dem bösen Wortwitz „Nichts gegen Perser, solange es ein Teppich ist."

Kuwait

Kuwait war lange wegen seines Ölreichtums ein Bei-
namensgeber für andere (kleinere) Ölstaaten. So wird
Äquatorialguinea zum Beispiel als `Kuwait Afrikas´
bezeichnet. Kuwait selbst hat ein Teil seines Ölgeldes in
Beteiligungen an wichtigen Unternehmen angelegt. Auch
eine Tankstellenkette gibt es, die sich im Besitz des
Landes befindet. Der Name der Kette Q8, spielt (im
Englischen) sogar direkt auf den Landesnamen an.

Saudi-Arabien

Den Spitznamen `*Tankstelle der Welt´* (petrol station of
the world) hat allerdings nicht Kuwait, sondern Saudi-
Arabien, das einzige arabische Land, das nach einer
Person bzw. Familie benannt ist.

Dubai - Do buy

Von den Vereinigten Arabischen Emiraten steht heute
besonders Dubai im Medieninteresse, welches in den
letzten Jahren durch spektakuläre Architekturprojekte
(Inseln, Hochhäuser) auf sich aufmerksam macht. Das
Emirat wurde bereits als *Hongkong in the desert* oder als
Hongkong on Ecstasy bezeichnet. Angesichts riesiger
Shopping Malls in Dubai interpretieren manche den
Landesnamen mittlerweile als Aufforderung, *Do buy*!

Die Zedernrepublik

Die Zeder spielt für den Libanon eine wichtige Rolle, der
Baum ist auf der Flagge des Landes und dem Wappen zu
sehen. Die im Land heimische Zedernart hat den bota-
nischen Namen Cedrus libani, Libanon-Zeder. Wegen
des Baumes wird Libanon auch als Zedern-Republik bezeichnet, die Demonstrationen nach der Ermordung des
Ministerpräsidenten Hariri (2005) als Zedernrevolution.

Ergenekon

Noch heute spielt für die turkstämmigen Völker die Ergenekon-Legende eine wichtige Rolle. Ergenekon ist ein sagenhaftes Tal, in welchem die Göktürken nach der Niederlage gegen das Chinesische Reich und gegen andere Stämme (so die Mongolen) und den Zerfall ihres eigenen einst mächtigen Reiches Zuflucht gefunden hatten. Mittels ihres gesamten Eisenbesitzes verschließen sie den Zugang zum Tal. Nach mehreren Generationen sind sie wieder zu Kräften gekommen und so zahlreich, dass das Tal überbevölkert ist. Sie schmelzen das eiserne Tor ein, schmieden daraus Waffen und ziehen durch die Täler und über die Berge, durch die die Vorfahren einst gereist waren. Doch da keiner den Weg kennt, irren sie umher, bis Asena, eine graue Wölfin, sie aus den Bergen in ihren heutigen Lebensraum (die Türkei) führt.
Der Legende von Ergenekon und der grauen Wölfin bedienen sich heute in der Türkei oft politisch sehr rechts stehende Gruppen.

Die Türkei und die Vogelgrippe

Die Tatsache, dass der Truthahn und die Türkei im Englischen turkey heißen, kann zu Verwechslungen führen. Vor ein paar Jahren kam es in der Türkei zu etlichen Fällen von Vogelgrippe, was im Englischen zu Schlagzeilen wie: `Turkey: avian flu prevention measures´ führte. Bald gab es allerdings auch Diskussionen in Amerika, wie die dortigen Truthähne, die für das herbstliche amerikanische Thanksgiving-Mahl eine große Rolle spielen, von der Vogelgrippe bewahrt werden können. Dies wiederum führte zu Schlagzeilen wie: `Turkey: avian flu prevention measures´.

The Stans

Stan ist ein persisches Wort und bedeutet Land, bzw. ‚Heimat von'. In Zentralasien ist diese Landesendung verbreitet. Nach dem Zerfall der Sowjetunion gab es plötzlich viele neue Länder die auf -stan endeten. Alle mehrheitlich islamischen Sowjetrepubliken (mit Ausnahme von Aserbaidschan) haben diese Endung. Die Amerikaner fassen diese Länder deshalb manchmal als *The Stans* zusammen.

Gelegentlich werden neue, eher abwertende Länderbeinamen durch das Anhängen von –stan kreiert (z.B. Russland als Putinistan).

Kirgisistan, Kirgistan, Kirgisien

Der offizielle Name des Landes ist Kirgisistan. Gelegentlich wird das Land im Deutschen auch Kirgisien genannt, eine leichter aussprechbare Eindeutschung der russischen Bezeichnung Kirgisija. Nach dem Zerfall der Sowjetunion wählten die Kirgisen den Landesname Kyrgystan, um die kulturelle Beziehung zu den anderen turksprachigen zentralasiatischen Ländern zu unterstreichen. Das deutsche Wort Kirgistan kommt von der Aussprache her diesem Wort näher, doch Kirgisistan ist eine korrektere Verknüpfung (über ein Verbindungs-i) des Volksnamens mit der Endung –stan.

Kirgisistan wird auch als das *Land der Tien Shan Berge* bezeichnet, da dieses Gebirgsmassiv topographisch dominiert. Ein anderer Beiname ist *Schweiz Zentralasiens*.

Tadschikistan

Tadschikistan heißt übersetzt `Land der Perser´, denn die Tadschiken sind mit diesen verwandt und sprechen wie die Perser eine indogermanische Sprache. Aber es gibt auch die Erklärung, dass der Landesname mit Taj, der Krone (dem Pamirgebirge) zusammenhängt.

Usbekistan - das Land des weißen Goldes

Usbekistan wird auch *Land des weißen Goldes* genannt. Damit ist die Baumwolle gemeint, deren Anbau zu Sowjetzeiten massiv gefördert wurde. Das hat allerdings auch zum Austrocknen des Aral-Sees geführt, denn den Flüssen Amur und Syr Darja wurde zwecks Bewässerung der Baumwollfelder viel Wasser entzogen. Usbekistan gilt aber auch als Land des Goldes, es liegt weltweit an neunter Stelle, was die Förderung dieses Edelmetalls betrifft.

Turkmenistan - das Nordkorea Zentralasiens

Unter dem Präsidenten Saparmyrat Nyazov (1991 bis zu seinem Tod im Jahr 2006 im Amt) isolierte sich das Land zusehends. Nyazov etablierte einen Personenkult, der an Nordkorea erinnerte. Deshalb und durch die Selbst-isolation des Landes kam Turkmenistan zu den Beinamen *Hermit kingdom* (Einsiedlerreich) und *Nordkorea Zentralasiens*. Unter dem seit Dezember 2006 im Amt befindlichen Präsidenten Gurbanguly Berdimuhamme-dow hatte sich die Lage des Landes zuerst etwas normalisiert, bevor ein ähnlicher Personenkultur wie zuvor etabliert wurde.

☞: Turkmenistan wird übrigens manchmal auch Turk-menien genannt.

Kasachstan

Der 2006 produzierte Film *Borat* (Original-Untertitel: *Borat: Cultural Learnings of America for Make Benefit Glorious Nation of Kazakhstan)* des britischen Komikers Sacha Baron Cohen verhalf Kasachstan zu ungewollter Publicity. Nach der Film-Figur Borat, die auf Informa-tionsreise durch Amerika keine Peinlichkeit auslässt, wird Kasachstan heute in der Presse gelegentlich auch als *Borat-Land* bezeichnet.

Albanien im Kaukasus

Einst gab es auf dem Gebiet des heutigen Aserbaidschan bzw. der russischen Region Dagestan ein Königreich, das im Griechischen und Lateinischen *Albanien* hieß und dessen Hauptstadt Gabala war. Das Land war eines der ersten, welches das Christentum annahm und bestand bis ins 7. Jahrhundert, als es als Folge der arabisch-islamische Expansion in diesem Raum zu einem Kalifat wurde, was später auch einen Religionswechsel zur Folge hatte.

Aserbaidschan - Land der Feuer

Aserbaidschan ist ein ölreiches Land. Bereits um 1900 waren im Kaspischen Meer vor Baku zahlreiche Fördertürme installiert. Und schon vorher trat an vielen Stellen Gas aus, das sich entzündete und dem Land den Beinamen *Land der Feuer* gab. Aserbaidschan war zudem wie das benachbarte Persien lange Zeit durch den Zoroastrismus, eine das Licht verehrende Religion geprägt. Nach der Auflösung der Sowjetunion beschrieb der ehemalige US-Sicherheitsberater Zbigniew Brzezinski (*1928) Aserbaidschan wiederum als ein `Korken der Flasche, die den Rohstoffreichtum des Kaspischen Meeres und Zentralasiens enthält´.

Armenien - Hayastan

Auch Armeniens Eigenname, Hayastan, hat eine –*stan*-Endung. Dieser Eigenname, der mit Hayek, einem Held des armenischen Gründungsmythos zusammenhängt, ist allerdings außerhalb Armeniens kaum bekannt.
Aufgrund seiner Topographie und der kargen Vegetation wird Armenien auch als *Land der Steine* bezeichnet.

Das unbekannte Sakartvelo

Auch für Georgien haben die Armenier eine –stan Bezeichnung, das Land heißt im Armenischen *Vrastan*. Dieser und der Eigenname Georgiens, *Sakartvelo*, sind außerhalb des Landes so gut wie unbekannt. Dabei wäre eine stärkere Nutzung des Eigennamens sinnvoll, denn im Englischen kann Georgien (Georgia) mit dem US-Bundesstaat verwechselt werden.

Kartli ist eine Provinz in Georgien und einst gab es ein Königreich von Kartli, welches von den Griechen und Römern Iberia (Iberien) genannt wurde. Man sagt heute kaukasisches Iberien, um eine Verwechslung mit der iberischen Halbinsel zu vermeiden. Die Namensähnlichkeit war auch im Mittelalter ein Thema. Der georgische Religionsphilosoph Giorgi Mthazmindeli (1009-1065) meinte damals, manche georgische Adelige würden gerne zur Iberischen Halbinsel reisen, um endlich die 'Georgier des Westens' kennenzulernen.

Da das in Spanien gesprochene Baskisch mit keiner anderen europäischen Sprache verwandt ist, wurde einst auch über eine Verwandtschaft mit den südkaukasischen Sprachen, zu der auch Georgisch gehört (nicht aber das indogermanische Armenisch), spekuliert.

Ein anderes georgisches Königreich, an der Schwarzmeerküste gelegen, war Colchis. In der griechischen Mythologie war Colchis ein sagenhaftes Land, in welchem Prometheus an einen Berg gekettet, von einem Adler die Leber herausgerissen wurde und wo Jason und die Argonauten das goldene Vlies suchten und fanden.

Das Land der Dichter und Monster

Georgien gilt auch als ein Land der Dichter. Nachdem Georgien zu Sowjetzeiten Stalin und den Geheimdienstchef Beria hervorgebracht hatte, wurde der Beiname jedoch zu *Land der Dichter und Monster* erweitert.

8. Ozeanien

The Lucky Country

Donald Horne (1921-2005) war in der zweiten Hälfte des 20. Jahrhunderts einer der wichtigsten Intellektuellen Australiens. In seinem 1964 erschienenen Buch *The Lucky Country: Australia in the Sixties* analysierte er die australische Gesellschaft und kam zu der Schlussfolgerung: *Australien ist ein glückliches Land, welches von zweitklassigen Leuten regiert wird, die dieses Glück teilen.* Trotzdem ist noch heute *The Lucky Country* ein Beiname Australiens.

Oz

Australier nennen ihr Land auch einfach *Oz*, nach der englischen Aussprache der ersten Silbe des Landesnamens. Dieses Wort erinnert auch an das amerikanische Kinderbuch *The Wonderful Wizard of Oz* von Frank Baum und seine berühmt gewordene Verfilmung The Wizard of Oz aus dem Jahre 1939, in welchem Oz ein von Feen bewohntes Phantasieland darstellt. Australien wird im Englischen übrigens manchmal mit Österreich (Austria) verwechselt und auch Oz klingt ein bisschen nach Österreich.

Down Under

Ein weiterer Spitzname Australiens ist *Down under*, denn die Australier gelten als Antipoden der Europäer. Australien liegt auf der unteren Halbkugel (down under) etwa auf der gegenüberliegenden Seite Europas.
☞: Die Amerikaner sehen übrigens die Chinesen als ihre Antipoden, obwohl diese gar nicht auf der gegenüberliegenden Erdseite wohnen.

Neuseeland und die niederländische Provinz

Obwohl von Briten gegründet, leitet sich der Name Neuseelands von einer holländischen Provinz ab, von Zeeland nämlich. Denn anfangs spielte die Seemacht Holland auch eine wichtige Rolle bei der Entdeckung Ozeaniens.

Die Schweineinsel (Pig Island)

James Cook (1728-1779), der Entdecker Australiens, war der erste Seefahrer, der Neuseeland umschiffte. Dabei ließ er dort ab 1773 auch Schweine aussetzen, die bald verwildern sollten. Wegen der Schweine sagen die Australier zu Neuseeland auch *Pig Island* und zu den Neuseeländern *Pig Islander*.

God´s Own Country

Die Neuseeländer bezeichnen ihr Land auch als *God´s Own Country* (Gottes eigenes Land)

In schriftlicher Form taucht dieser Begriff zuerst beim 1843 in Irland geborenen Schriftsteller Thomas Bracken auf, der zuerst nach Australien auswanderte und dann 1869 nach Neuseeland übersiedelte. 1876 schrieb er ´God Defend New Zealand´ was zum Text der Nationalhymne des Landes wurde. 1893 erschien sein Gedicht *God´s own country* im Buch *Lays and Lyrics: God´s own country and other poems*. Auch Richard John Seddon, Premierminister Neuseelands von 1893 bis 1906 machte diesen Ausdruck populär. Am 10. Juni 1906 schickte er ein Telegramm *Just leaving for God´s own country,* einen Tag bevor er sich auf die Schiffsreise von Sydney zurück in sein Land machte. Doch *Gottes eigenes Land* sah er nicht mehr, er wurde krank und starb auf dem Schiff.

Helengrad

Helen Clark (*1950) war von 1999-2008 Premier-
ministerin von Neuseeland. Im Jahr 2007 belegte sie auf
einer Liste der Zeitschrift Forbes Platz 38 der einflussreichsten Frauen der Welt. Clark ist Mitglied der regie-
renden Labour Party Neuseelands. Diese hatte in den
1980er Jahren unter Premier David Lange und Finanz-
minister Roger Owen Douglas einen sehr wirtschafts-
liberalen Kurs (`Rogernomics´) gefahren. Doch Clark
baute seit ihrem Amtsantritt die Sozialleistungen wieder
aus. Deshalb, und weil Helen Clark das Zügel der Macht
fest in der Hand hielt, hatte Neuseeland im Zeitraum
2000-2008 auch den Spitznamen `Socialist Republic of
Helengrad´.

Neuguinea

Neuguinea wurde so benannt, weil seine dunkelhäutigen,
kraushaarigen Bewohner nach Ansicht der europäischen
Entdecker den Afrikanern Guineas glichen.
Der westliche Teil der Insel, der 1969 von Indonesien an-
nektiert wurde, hieß in Indonesien von 1973-2000 Irian
Jaya. Seit 2000 heißt die Inselhälfte Westneuguinea.

Tuvalu

Tuvalu liegt nur wenige Meter über dem Meeresspiegel
und ist durch dessen Anstieg deshalb besonders bedroht.
Um 2000 verhalf der Internetboom dem Land zu über-
raschenden Einnahmen. Denn das Internet-Domainkürzel
des Landes ist .tv, dabei hat das Land nicht mal eine
eigene Fernsehstation, und etliche amerikanische TV-
Firmen waren daran interessiert, eine solche dot.tv
Adresse aufweisen zu können. Schließlich schloss man
einen Vertrag mit einer US-Firma, welcher dem Land 1
Million $ pro Vierteljahr sicherte. Doch ein Run auf die
.tv domain stellte sich nicht ein.

9. 100 interesting facts and anecdotes in English

Germany

1. Germany has different names in different European countries. The countries Southwest of Germany (France, Spain, Portugal) call it after the Alemans, a Southwestern Germanic people, the countries in the far Northeast of Europe (Finland, Estonia) call it after the Saxonians, Eastern Germanic people. The Latvians call it Vacija, the people, which is what Deutsche originally meant.

2. In Slavic speaking countries the name for Germany is derived from the word for mute, dumb (*njem*), referring first to those who didn´t speak Slavic languages, later more specifically to the Germans.

3. The label *Made in Germany* was introduced in 1887 by the Merchandise Mark Act in Great Britain in order to make market access for German products more difficult. However, it soon developed into a quality label.

4. After a political scandal relating to donations to political parties the country acronym BRD was in the 1980s interpreted by some as Bananenrepublik (Banana Republic) Deutschland.

5. After the building of the Wall separating the two German States, German newspapers put the acronym DDR in quotation marks. The publishing house Axel Springer kept this practice well into the 80s. When quotation marks were omitted in one of its publications, everybody speculated about the motivation.

Switzerland

6. The Latin word Confoederatio Helvetica is used as a base for the country code CH in order not to upset any of the four language groups of Switzerland. Some, however, read CH today wrongly as China or Czech Republic.

7. Switzerland was surprisingly invited by the Americans to the opening ceremony of the Panama Canal in 1914. Some speculated about a confusion of the landlocked country with Sweden.

Austria

8. In English Austria and Australia sound similar. The Australian postal service allegedly sends every week a sack of mail, which has wrongly been routed to Australia, to Vienna.

9. In the Austro-Hungarian Empire the little river Leitha formed a border between the Austrian and the Hungarian part. Transleithania was a term for the Hungarian part, Cisleithania for the Austrian part. However, after World War I a German speaking region east of the Leitha, called Burgenland today, joined Austria. Another little Austrian river of historic importance is the Enns. Hungarian fairytales commence with the formulation *in a far away country beyond Operencia* (the land of the Upper Enns, hence Upper Austria).

10. The former member of the European Parliament Otto von Habsburg tended to think in the categories of the Austro-Hungarian Empire. The joke goes that when the football game Austria-Hungary was announced he asked ` and against whom are we playing?´.

Northern Europe

11. **Finland** was long characterized by special relations to the USSR and the long rule of President Kekkonen, resulting in the then country nickname *Kekkoslovakia*.

12. The country code for **Finland** was till the 1980s SF (Suomi-Finland), but this was later changed to FIN.

13. In Finland traffic fines are proportionate to salaries. In the boom period around 2000, when some tech people made high salaries, their traffic fines were accordingly very high. The corresponding news gained Finland in an Australian newspaper the nickname *Fine country*.

14. The **Finns** consider their country to be shaped like a *maiden*, with one arm and leg lost in WW II.

15. **Estonia** markets herself also as E-stonia underlining her information society ambitions. In the 1990s there were

discussions to name Estonia in English Estland, to sound less Eastern and more Scandinavian.

16. While **Finland** is called country of a thousand lakes, **Estonia** sees itself as country of 1500 lakes. **Lithuania** was on the other hand called by a poet `land of 3000 blue eyes´ (hence 3000 lakes).

17. **Latvia** is also known as the singing country. In the late 1980s the Baltics saw a *Singing Revolution* against Soviet Rule.

18. **Denmark** was known as footnote country, because its footnoted its reservations on NATO declarations.

19. Sweden is also called the *country of the three crowns* (shown on the coat of arms), what these three crowns stand for (countries, provinces) is still a matter of debate

Western Europe

20. The German journalist Ludwig Börne around 1830 called **France** because of its relatively advanced society the `watch of Europe´.

21. Since the revolution of 1789 and its declaration of the rights of man **France** is also called `country of human rights´. Nevertheless female suffrage was introduced in France later than in Turkey.

22. **France** is considered by its inhabitants as being shaped like a hexagon.

23. **Holland** means Holtland (wood land), but forests are today rare in this country.

24. There is the saying that the real **Netherlands** begin north of Moerdijk, a town on the mouth of the Maas river. Belgians still

refer to the Netherlands as `north of Moerdijk´, although this place is deep inland.

25. **Belgium** was once called cock pit of Europe, because many European battles were waged here. Today with many EU institutions in Brussels the term fits again.

26. The French refer to **Belgium** sometimes as outre-Quiévrain, after a small border town in Wallonia.

27. **Ireland** is also called `country of a thousand welcomes´. But the Celtic greeting on which this is based says *a hundred thousand welcomes*.

28. Ireland is believed to be shaped like a **dog**.

29. The British refer to their country often as Britain, rather than Great Britain, while the French have to add the *Grande,* because they have their own Bretagne.

Southeastern Europe

30. **Slovenia** is often confused with Slovakia. Both countries became independent in the early 90s, both are Slav nations, both joined the EU in 2004 and the flags of the two countries are similar. When the Slovene Prime Minister Drnovsek visited Texas in 1999 Bush reported afterwards he had seen the Slovak Foreign Minister. Berlusconi once introduced the Slovene Prime Minister as Slovak Prime Minister. Allegedly the embassies of both countries meet regularly in several European countries to exchange misrouted mail.

31. The necktie was invented in **Croatia**. The continental word for tie (German Krawatte, French cravat) is therefore linked to the name of the country (Hrvatska in Croat).

32. The word **Herzegovina** contains the German word Herzog (duke). The German emperor Friedrich IV. Granted in 1448 local ruler Stjepan Vukic with this title, hence the name of the region. Bosnia is on the other hand named after the Bosna river.

33. The Federation of **Serbia & Montenegro** that ceased in 2006 was also nicknamed Solania, after EU high representative Javier Solana, who promoted it.

34. **Montenegro** means black mountain. However, in Italian black is *nero*, negro is the version in the Venetian dialect. Venice was for centuries a leading power in the Adriatic Sea. As a result of a high number of Russian investors Montenegro recently got the nickname *Moscow on Sea*.

35. The word **Kosovo** is derived from the Serbian word for blackbird (Kos). The full name of the region is Kosovo polje (blackbird field) and Metochia, but it is often abbreviated to Kosovo. Kosovo is also nicknamed by its population Unmi-kistan - after the name of the UN mission in that region.

<u>Southern Europe</u>
36. Some in France and Italy wrongly believe that the salade macedoine (vegetable salad) or the insalata macedonia (fruit salad) got its name from the country **Macedonia**, whose population is mixed like a salad.

37. **Malta** is named after the Roman word melitta, which means honey. **Cyprus** is named after copper. The island had rich copper mines. **Portugal** is named after Portus Cale (warm port), the later city of Oporto.
Spain was hence named by the Phoenicians by mistake. They saw many hares and mistook them for hyraxes (in Phoenician shepanin) which they knew from their home country Tunisia.

38. The Greeks called **Italy** Oinotria, land where the vines grow on poles. The country name Italy is related to an early population in Calabria whose name relates to the word italos, bull. In the 19th century historians also referred to ancient Italy as the *country of wine and cattle*.

39. **Greece**/Greek is a word that was coined by the Romans. The Greeks prefer to call themselves Helens, hence better linking to ancient glories.

<u>**Eastern Europe**</u>

40. **Romania** was in former times spelled in American English Rumania. In the last years of Ceaucescu´s rule Bucharest and the country was nicknamed Ceauschwitz.

41. The words **Bohemia** and Bavaria are related, both are believed to derive from the name of the Boier people.

42. After the first World War when **Hungary** lost 70% of its territory in the Treaty of Trianon, an economic crisis lent it the nickname `country of a three million beggars´. In the 1970s, however, it acquired the sobriquet `most cheerful barracks of the Soviet camp´.

43. **Belarus** means White Russia, the origin or meaning of the white being unclear.

44. Some **Slovaks** argue jokingly that the large investments of the Korean car manufacturer Kia had to do with the name of the country: Slova-kia.

45. The country name **Bulgaria** is derived from the Turkish verb bulg - to mix.

46. The country name **Poland** is linked to the Slavic word Polje, which means field.

47. **Poland** was before WW II economically divided into the more developed Polska A west of the Vistula river and the poorer Polska B in the East.

48. There is the anecdote that in World War I a hotel in London was renamed from *King of Prussia* to *King of **Russia*** by deleting one letter.

49. **Ukraine** means borderland. The country was once *called bread basket of Europe.*

America

50. There are two **United States** in North America: the USA and Mexico (Estados Unidos).

51. **Canada**, world´s second largest country was named after an Indian word for village (the later Quebec).

53. **Mexico** means navel of the moon.

53. **Belize** was formerly called British Honduras, although it borders Guatemala and not Honduras.

54. **Honduras** means the deep sea and was hence called because Columbus escaped on its coast from a heavy storm, saying *Gracias os dios hemos salidos di esos honduras*.

55. **Venezuela** means `little Venice´ and is named after the pole supported Indian houses in the Maracaibo lake.

56. **Panama** hats are produced in Ecuador. However, because they were shipped via the Panama Canal they got the Panama-related name.

57. When Jim O´Neill from Goldman Sachs coined the term BRICS in 2001 he was hesitant to include Brazil but asked to do so because it sounded better. However, in the years after economic growth in **Brazil** was rather slow.

58. **Bolivia**, once part of Peru and famous for its rich Potosi silver mine, is today also called `beggar on a silver throne´, while the French still have the expression `riche comme Perou´ (rich as **Peru**).

59. **Argentina** has no silver, but is named after this metal, since silver from Bolivia was shipped from its ports to Europe.

<u>**Africa**</u>

60. **Egypt** was in ancient times called Kemet (after the black Nile mud). The words alchemy and chemistry are derived from this name.

61. The Gypsies were named after **Egypt**, where they were believed to come from (today India has this role).

62. The Arabs call **Egypt** Misr. There was till the 1960s an Egyptian airline called Misair (sounded like misère).

63. The three Maghreb (land where the sun sets) countries are named after cities (**Algeria**-Algiers, **Morocco**-Marrakech, **Tunisia**- Tunis).

64. When long term dictator Eyadema died in 2005 British journals asked under the line *Togo or not to go*, if British politicians should attend the funeral.

65. Because of its vivid pre-independence political life **Benin** was also called the *Quartier Latin of Africa*. Later its sobriquet had been Cuba of West Africa.

66. In 1984 president Thomas Sankara changed the name of the former Upper Volta to **Burkina Faso**, which means `land of the incorruptibles´.

67. President Houphouet Boigny insisted that the Ivory Coast in English has officially to be called **Côte d´Ivoire**.

68. **Madagascar** is a word from the proto-Malay language and means `end of the world´. Because of its biodiversity the country is also called Eighth continent.

69. Several countries are called Switzerland of Africa: **Guinea**, **Togo**, **Lesotho**, **Swaziland** and **Botswana**. **Rwanda** is know as the *land of a thousand hills.*

70. **Mongolia** is because of its dry and cold high plateau climate also referred to as *land of the blue sky* or *land of the seven winds*.

71. **Japan**, the *land of the rising sun*, was once called country of *eight islands*. This, however, did not include Hokkaido in the north, which was only settled by the Japanese (the Ainu lived there before) in the 19th century. In Marco Polo´s time Japan was also known as Cipangu.

72. Because of its industrial boom **China**, once called the *Middle Kingdom*, is today also referred to as the *Factory of the World*. In the 1990s it was also referred to as bicycle kingdom, since 500 million bicycles ply its roads.

73. **Korea** was closed for centuries to the outside world, hence called *Hermit Kingdom*. Today a sobriquet for North Korea.

75. Because of its draconic fines for littering and other misdeeds **Singapore** is also referred to as the *Fine City*.

76. **Thailand**, formerly known as Siam, was never a colony. Before the Second World War it hence gave herself therefore the name Thailand, „land of the free".

77. **Indonesia** was coined by the Scot James Logan.

78. The English word serendipity (for a lucky discovery) is derived from Serendip, an ancient word for **Sri Lanka.**

79. **Pakistan** is an acronym created in 1933 by a student at Cambridge. It originally stood for Punjab, Afghania, Kaschmir, Sindh and Belutschistan.

Western and Central Asia, Caucasus

80.The Israeli writer Ephraim Kishon once jokingly explained that the Palestine territories had to be kept in order to be able to have enough space on maps to write out the word **Israel**.

81. **Kuwait** has an oil company that sells its fuel under the brand Q8 (which sounds similar as the country name).

82. **Iran** was till 1935 called Persia. But since Persians represent only half of the population the Shah recommended to use the term Iran. Some believe that the term Iran (land of Aryans) was proposed by the Germans.

83. **Jordan** has lately been named `between Iraq and a hard place* (alluding to `between a rock and a hard place´).

84. **Stan** is a Persian word meaning country. The new Central Asian Republics are sometimes referred to by Americans as `the Stans'.

85. **Tadjikistan** means `Land of the Persians'.

86. **Azerbaijan** has been called by ex US security adviser Brzezinski the *cork on the bottle that holds the riches of the Caspian Sea*. Another sobriquet is *country of light*.

87. The locals call **Armenia** Hayastan (after the legendary hero Hayk). Armenia is also known as the *Land of stones*.

88. The locals call **Georgia** Sakartvelo. Georgia is also known as the *Land of poets and monsters* (the latter referring to Stalin and Beria).

89. **Dubai** has recently been referred to as *Hong Kong on Ecstasy* or Do buy!

Oceania and Antarctic

90. **Australia** is also known as the Lucky Country, a term coined by Donald Horne in the book hence named.

91. **Australia** is also called Down Under. Europeans consider Australians their antipodes, Americans the Chinese.

92. Another nickname for **Australia** is Oz (linked to the pronunciation rather than to the Wizard of Oz).

93. George Bush once called in a speech in Canberra **Australia** Austria and then made the joke that Australia was in OPEC, not in APEC.

94. **New Zealand** was named after the Dutch province Zealand.

95. **New Zealand** is also called *Pig Island*, after the pigs set free on the archipelago by James Cook in 1773.

96. **New Zealanders** called their land also *God's Own country* (Godzone), a term first used by the writer Thomas Bracken in the 1890s.

97. **New Zealand** was called *Socialist Republic of Helengrad*, because of Prime Minister Helen Clark's firm grip on power.

98. **New Guinea** was hence called because her European discoverers found its locals to look like the dark skinned inhabitants of Guinea in Africa.

99. **Tuvalu** makes money out of her Internet domain .tv, which is attractive for some TV companies.

Tabellenteil

1. Wichtige Begriffsschöpfer: a) allgemein

Wortschöpfer	Jahr	Begriff
Voltaire (1694-1778)	1753	Quelques arpents du neige (Kanada)
J.W. Goethe (1749-1832)	1786	Land wo die Zitronen blühen (Italien)
William Drennan (1754-1820)	1795	Emerald Isle, Grüne Insel (Irland)
Madame de Stael (1766-1817)	1810	Land der Dichter und Denker (Deutschland)
Ludwig Börne (1786-1837)	Um 1830	Das Zifferblatt Europas (Frankreich, Paris)
Zar Nikolaus I. (1796-1855)	1852	Kranker Mann Europas (Osmanisches Reich)
Benjamin Disraeli (1804-1881)	1874	Crown jewel of the British Empire (Indien)
O. Henry (1862-1910)	1904	Banana republic (Honduras)
W. Churchill (1874-1965)	1908	Pearl of Africa (Uganda)
James Hilton (1900-1954)	1933	Shangri-La (imaginäres Himalayaparadies)
Robert Musil (1880-1942)	1930	Kakanien (Österreich-Ungarn)
Karl Kraus (1874-1936)	1933	Land der Richter und Henker (Deutschland)
Karl Gruber (1909-1995)	1953	Finnlandisierung
Donald Horne (1921-2005)	1964	The lucky country (Australia)
Desmond Tutu (*1931)	1996	Rainbow nation (South Africa)

b) Begriffschöpfer konkreter Ländernamen

Wortschöpfer	Jahr	Begriff
James R. Logan	1850	Indonesien
Choudhary R. Ali (1897-1951)	1933	Pakistan
Rupert Emerson (1899-1979)	1937	Malaysia
Mburumba Kerina (*1932)	1959	Namibia
Thomas Sankara (1949-1987)	1984	Burkina Faso

c) Schöpfer ökonomische und politische Begriffe

Begriffsschöpfer	Jahr	Begriff
Alfred Sauvy (1898-1990)	1952	Dritte Welt
Ralph Vaerst (1927-2001)	1971	Silicon Valley (Tal bei San Francisco)
Edmar Bacha (*1943)	1974	Belindia (Brasilien)
John Naisbitt (*1929)	1982	Bellwether State
Kevin Gardiner	1994	Celtic Tiger
Jim O´Neill	2001	BRIC (Brasilien, Russland, Indien China,)
Donald Rumsfeld (*1932)	2003	Old Europe (Westeuropa)
Jairam Ramesh	2005	Chindia (China+India)
Edward Lucas (*1962)	2006	Lynx economies (Osteuropäische EU-Länder)

2. Ehemalige Bezeichnungen

Land	Beiname
Benin	Cuba of West Africa Quartier Latin Afrikas
China	Bicycle kingdom
Finnland	Kekkoslovakia
Frankreich	Das Zifferblatt Europas
GB-England	Perfides Albion
Indien	Crown jewel of the British Empire
Japan	Preußen Asiens (Prussia of Asia)
Kolumbien	Kidnapping capital of the world El pais del Sagrado Corazon (Land des heiligen Herzens)
Libanon	Schweiz des Nahen Ostens
Liberia	Sweet land of liberty
Polen	Flying eagle of Europe (1990er)
Sierra Leone	Province of Freedom Athens of West Africa
Turkmenistan	Nordkorea Zentralasiens
Tschech. Rep.	Absurdistan (80er Jahre)
Ungarn	Fröhlichste Baracke im Ostblock
Lateinische Namen europäischer Länder	
Frankreich	Gallia
Großbritannien	Britannia; Schottland: Caledonia, Wales: Cambria, England: Anglia
Irland	Hibernia
Malta	Melitta
Niederlande	Batavia
Portugal	Lusitania
Rumänien	Dacia
Spanien	Hispania

3. Liste der Länderbeinamen
a) Europa

Land	Beiname/Nickname
Nordeuropa	
Dänemark	Footnote country
Estland	E-stonia Baltischer Tiger (Baltic tiger) Land der 1500 Seen (selten)
Finnland	Land der tausend Seen Fineland
Island	Feuerinsel im Atlantik/am Polarkreis Insel aus Feuer und Eis
Lettland	Land der Wälder (Land of Forests)
Litauen	Land der Seen (Land of Lakes)
Norwegen	Land der Fjorde (Land of fjords)
Schweden	Land der Mitternachtssonne Land der Elche, Drei-Kronen-Land Big brother (norwegische Sicht) Volkshemmet
Westeuropa	
Deutschland	Land der Dichter und Denker Land der Richter und Henker Apotheke der Welt (um 1900) Moffrika (holländisches Slangwort)
Österreich	Felix Austria, Cisleithanien Donaurepublik, Alpenrepublik
Schweiz	Alpenrepublik, Eidgenosschenschaft Helvetien, Wasserschloss Europas
Frankreich	Pays des droits de l´homme La Grande Nation Das Sechseck (le Hexagone) Fille ainée de l´eglise
Großbritannien	John Bull, Old Dart Perfides Albion
Irland	Erin, Emerald Isle (Grüne Insel) Land of a thousand welcomes Land of saints and scholars

Europa (Fortsetzung)

Land	Beiname/Nickname (sobriquet)
	Westeuropa (Fortsetzung)
Belgien	Cockpit of Europe, Outre-Quiévrain Auf das Herz Britanniens zielende Pistole
Niederlande	Outre- (Boven) Moerdijk, Polderland Koude Kikkerlandje (Kaltes Froschland)
	Südost- und Osteuropa
Albanien	Land der Skipetaren Land der Adler (Land of the Eagles)
Kosovo	Unmikistan
Kroatien	Land der tausend Inseln (Land of a 1000 islands)
Montenegro	Moscow on Sea
Polen	Weichselrepublik (Republic on the Vistula) The flying eagle
Russland	Mütterchen Russland (Mother Russia)
Serbien	Solania (Serbien & Montenegro)
Slowakei	Detroit des Ostens (Detroit of the East) Tatra-Tiger
Slowenien	Europa im Kleinen, Sunny side of the Alps
Weißrussland	Land der blauen Seen, Seenland (Land of lakes) Europas letzte Diktatur (Europe´s last dictatorship)
	Südeuropa
Andorra	Ibiza on ice (Skiorte), Hong Kong in the Pyrenees
Italien	Il Belpaese, Bella Italia (Schönes Italien) Das Land wo die Zitronen blühen Land der Heiligen, Dichter und Seefahrer Land der tausend Campanile
Monaco	Le rocher (der Fels, the rock)
Portugal	Das Rechteck (rectangulo, rectangle) Land der Entdecker (land of discoverers)
Spanien	Die Stierhaut (la piel del toro, the bull´s skin) Kalifornien Europas (California of Europe)
Zypern	Insel der Aphrodite

b) Amerika

Land	Beiname/Nickname (sobriquet)
Nordamerika	
Kanada	Great White North Quelques arpents du neige (einige Morgen Schnee) North of the 49th parallel (nördlich des 49. Breitengrades) Land der Seen und Wälder
USA	Land of opportunities Land der unbegrenzten Möglichkeiten Land of tis and thee Uncle Sam Columbia El Norte (aus mexikanischer Sicht) Gringolandia (mexikanischer Ausdruck)
Mittelamerika	
Belize	Mother nature´s best kept secret
Costa Rica	Schweiz Mittelamerikas (Switzerland of Central America)
El Salvador	Der Däumling (El Pulgorcito/the little thumb)
Guatemala	Land des ewigen Frühlings (Land of eternal spring) Land der ewigen Tyrannei (land of eternal tyranny) Sailfish (billfishing) capital of the world
Honduras	Tibet Mittelamerikas (Tibet of Central America)
Mexiko	Nabel des Mondes (el ombligo de la luna) Pais de no pasa nada (Land, wo nichts passiert) El patio trasero de l'E.U. (Hinterhof der USA) Mexicalpan dc las tunas South of the Rio Grande
Nicaragua	Land of lakes and volcanoes
Panama	The umbilical cord (die Nabelschnur) Puente del Mundo (Brücke der Welt) Corazon del Universo (Herz des Universums) The future Hong Kong of Central America

Amerika (Fortsetzung)

Karibik	
Antigua& Barbuda	The island of 365 beaches (Insel der 365 Strände)
Bahamas	Place where the worlds meet
Barbados	Little England (Klein-England) Land of the flying fish (Land der fliegenden Fische)
Domin. Rep	Quisqueya la bella
Dominica	Nature Island of the Caribbean
Grenada	Spice Island (Gewürzinsel)
Haiti	La Perle des Antilles (the pearl of the Antilles) Economic basket case (hoffnungsloser Fall)
Jamaika	Land of wood and water
Kuba	Zuckerinsel (Sugar Island) The green lizard (die grüne Eidechse) El caiman (der Kaiman)
Montserrat	Emerald Island (Grüne Insel)
St. Kitts and Nevis	Mother colony of the West Indies Gibraltar of the Caribbean (Gibraltar der Karibik)
St. Lucia	Helen of the West Indies (Griechenland d. Karibik)
St. Maarten/ St. Martin	Friendly Island Culinary capital of the Caribbean
St. Vincent	Jewels of the Caribbean
Trinidad	Rainbow Island (Regenbogeninsel) Land of the humming bird (Land des Kolibris) Caribbean tiger (Karibischer Tiger)
Südamerika	
Argentinien	Kornkammer der Welt (World´s bread basket) Dance capital of Latin America Italy of Latin America (Italien Lateinamerikas)
Bolivien	Herz Südamerikas/Lateinamerikas (Corazon de Sudamerica/America Latina) Beggar on a silver throne (Bettler auf silbernem Thron)

<h1 align="center">Amerika (Fortsetzung)</h1>

Land	Beiname/Nickname (sobriquet)
Brasilien	Land der Zukunft (Land of the future) Sleeping giant (Schlafender Riese) Giant of South America (Riese Südamerikas) Fußballland (o pais do futbol)
Chile	Latin tiger Land of poets (Pais de poetas) Dagger pointed at the heart of Antarctica Shoestring country (Schuhbändelland)
Ecuador	Land of wonders and diversity (Land der Vielfalt)
Guyana	Land of 6 peoples (Land der 6 Völker) Land of many waters
Paraguay	Heart of South America (Herz Südamerikas) Island surrounded by land
Peru	Gourmet capital of Latin America Beggar seated on a throne of gold (Bettler auf einem goldenen Thron)
Suriname	Beating heart of the Amazone
Uruguay	Schweiz Südamerikas
Venezuela	Land of grace (Land der Anmut) Beauty pageant capital of the world (Weltzentrum des Schönheitswettbewerbs)

<h2 align="center">c) Ozeanien</h2>

Land	Beiname/Nickname (sobriquet)
Australien	Down under Oz The Lucky country
Neuseeland	Aotearoa (Land of the long white cloud) Enzed God's own country/Godzone Pig Island (Schweineinsel) Schweiz des Pazifiks
Nauru	Liechtenstein of the Pacific
Tonga	Friendly Islands

d) Asien

Land	Beiname/Nickname (sobriquet)
East and Southeast Asia	
Bhutan	Land des Donnerdrachens (land of thunder dragon) The last Shangri-La
Burma	Land of golden pagodas Rice bowl of Asia (Reisschale Asiens) Yunnan South
Indien	Mata Bharat (Mutter Indien) Die größte Demokratie der Welt
Indonesien	Land der tausend Inseln Emerald of the equator (Grünes Land am Äquator) Girdle of emerald
Japan	Land der aufgehenden Sonne (l. of the rising sun) Land der acht Inseln (land of the eight islands)
Korea	Land of three thousand Lee Land der Morgenstille (land of the morning calm) Hermit Kingdom (Einsiedlerreich)
Laos	Land der Millionen Elefanten
Malaysia	Bolehland
Mongolei	Land des blauen Himmels (land of blue skies) Land der sieben Winde (land of seven winds)
Philippinen	Laboratory of natural disasters Pearl of the Orient (Seas) SMS (Texting)-capital of the world Land of a thousand islands World's marine biodiversity capital
Singapur	Fine country Löwenstadt (Lion city), Garden city Boston of the East Dreh- und Angelpunkt Südostasiens (Hub of Asia)
Sri Lanka	Träne im Indischen Ozean (Teardrop in the ocean)
Thailand	Land des (tausendfachen) Lächelns
Vietnam	Land des aufsteigenden Drachens (Land of the rising dragon)

Asien (Fortsetzung)

Greater China	
China	Der Drache (the Dragon) Cathay (zu Marco Polos Zeiten) Fabrik der Welt (factory of the world) Reich der Mitte (Middle Kingdom) Bicycle Kingdom (Reich der Fahrräder)
Hong Kong	Pearl of the Orient Die Gräte im Maul des Drachens
Macao	Las Vegas of Asia/of the East
Taiwan	Die schöne Insel (Formosa) Silicon Island Das Tabakblatt (the Tobacco Leaf)
Tibet	Land des Schnees (Land of snow) Dach der Welt (The roof of the World)
Westasien	
Bahrain	Pearl of the Persian Gulf
Israel	Silicon Wadi Land wo Milch und Honig fließt
Jemen	Arabia Felix
Libanon	Zedernrepublik (Cedar Republic) Schweiz des Nahen Ostens
Oman	Weihrauchland
Palästina-Gaza	Gazanistan (Gaza)
Saudi-Arab.	Tankstelle der Welt (World´s Petrol Station)
Zentralasien	
Kirgisistan	Schweiz Zentralasiens
Kasachstan	Borat-Land
Turkmenist.	Nordkorea Zentralasiens
Usbekistan	Land des (weißen) Goldes
Kaukasus	
Aserbaidschan	Land der Feuer (Land of fire/flames) Cork in the Caspian bottle
Armenien	Land der Steine (Land of stones)
Georgien	Land der Dichter und Monster

e) Afrika

Land	Beiname/Nickname (sobriquet)
Nordafrika	
Ägypten	Geschenk des Nils
Tunesien	Land of civilization, culture and enlightened thinking
Sudan	Kornkammer Afrikas Land der Schwarzen
Westafrika	
Benin	Birthplace of Voodoo (Wiege des Voodoo)
Elfenbeinküste	Elephant of West Africa
Ghana	Goldküste
Guinea	Water reservoir of West Africa Switzerland of Africa (Schweiz Afrikas)
Nigeria	(Sleeping) Giant of Africa (Afrikas Riese) Bellwether of African democracy Heart of African music (Herz afrik. Musik) Nollywood (in Anspielung auf Hollywood)
Senegal	Land of Teranga (hospitality/Gastfreundschaft)
Sierra Leone	*Province of freedom* *Athens of West Africa*
Togo	Switzerland of Africa (Schweiz Afrikas) Pearl of West Africa
Zentralafrika	
Äquatorial-Guinea	The Kuwait of Africa
Kamerun	Africa en miniature (Afrika im Kleinen) Armpit of Africa (Achselhöhle Afrikas) Hinge of Africa (Scharnier Afrikas)
Kongo	Heart of darkness (Roman Joseph Conrads)
Tschad	Dead heart of Africa (Totes Herz Afrikas)

<h1 style="text-align:center">Afrika (Fortsetzung)</h1>

Ostafrika	
Komoren	Archipel aux sultans batailleurs (Archipel der Kriegersultane)
Madagaskar	Achter Kontinent (Eighth continent) Mysterious Island (geheimnisvolle Insel) Red Island (Rote Insel) Pays aux mille facettes (Land der tausend Facetten)
Malawi	Warm heart of Africa (Warmes Herz Afrikas)
Mauritius	Rainbow Island (Regenbogeninsel) Cyber Island (Entwicklungsziel) Star and key of the Indian Ocean
Ruanda	Pays de milles collines/ Land of a thousand hills (Land der 1000 Hügel)
Uganda	The pearl of Africa (Perle Afrikas)
Südafrika	
Botswana	Switzerland of Africa (Schweiz Afrikas)
Lesotho	Kingdom in the Sky (Königreich im Himmel) Switzerland of Africa (Schweiz Afrikas)
Südafrika	Rainbow nation/country (Regenbogenland) Crime capital of the world (Verbrechenskapitale)
Swaziland	Switzerland of Africa (Schweiz Afrikas)
Zimbabwe	Africa´s bread basket (Kornkammer Afrikas, heute nicht mehr zutreffend)

Literatur

Serge Debrebant, Mauritius Much
Japanische Schweine machen buubuu
Kleiner Reiseführer für Sprachliebhaber
Herder, Freiburg 2007

Hugo Kastner
Von Aachen bis Zypern
Geographische Namen und ihre Herkunft
Himboldt Verlag, Baden-Baden 2007

Ben Lewis
Hammer & Tickle
A history of Communism told through Communist Jokes
Orionbooks, London 2008

Theo Stemmler
Wie das Eisbein ins Lexikon kam
Ein unterhaltsamer Gang durch die deutsche Wortgeschichte
Dudenverlag, Mannheim 2007

Dixe Wills
New World Order
Icon books, Cambridge 2007

Dan Senorm, Saul Singer
Start-Up Nation
New York, 2009

Atlas der Wahren Namen
-   Etymologische Karte Welt
-   Etymologische Karte Abendland
Kalimedia, Lübeck 2008

Webseiten

Glosk
(basierend auf einem gelöschten Wikipedia-Artikel)
http://www.glosk.com/TU/Anatolia/-
1048557/pages/List_of_country_nicknames/19026_en.htm

Kalkoen.nl
(Webseite zum Truthahn und der Geschichte seines Namens)
http://www.kalkoen.nl/cgi-bin/historie/journal.cgi?folder=historie&next=5

Spitznamen afrikanischer Länder
https://face2faceafrica.com/article/popular-nicknames-of-african-
countries-you-should-know

Skyscanner-
Country aliases: 46 best nation nicknames in the world
https://www.skyscanner.com.ph/news/tips/country-aliases-46-best-
nation-nicknames-in-the-world

Europe is not dead
European Countries' Nicknames
https://europeisnotdead.com/european-countries-nicknames/

Mundmische
(Neue umgangssprachliche Ausdrücke und Slangworte)
http://www.mundmische.de

Wikipedia
Etymologische Liste der Ländernamen

- **Deutsche Version**
http://de.wikipedia.org/wiki/Etymologische_Liste_der_L%C3%A4ndernamen

- **Englische Version**
http://en.wikipedia.org/wiki/List_of_country_name_etymologies

Weitere geographische Beinamen-Bücher von Richard Deiss

(siehe www.bod.de)

Von der Blauen Banane zum Rhabarberdreieck
222 Regionsbeinamen und was dahinter steckt
Books on Demand, Norderstedt 2019

Elbflorenz und Sprayathen
555 Städtebeinamen und Stadtklischees von Blechbudenhausen bis Schlicktown
Books on Demand, Norderstedt 2019

Hibbdebach vis Dribbdebach
222 Stadtteilbeinamen und -klischees - von Applebeach bis Zickzackhausen
Books on Demand, Norderstedt 2019

Silberling und Bügeleisen
1000 Beinamen in Transport und Verkehr und was dahinter steckt
Books on Demand, Norderstedt 2019

Schicksalsberg und Himmelsauge
777 Beinamen von Bergen, Tälern, Inseln, Flüssen und Seen
Books on Demand, Norderstedt 2019

Schwangere Auster und Hohler Zahn
555 Gebäudebeinamen und was dahinter steckt
Books on Demand, Norderstedt 2019